"Para poder componer..."

Una biografía sonora sobre Alejandro García Villalón 'Virulo' (1955-2008)

Pablo Alejandro Suárez Marrero

Universidad Nacional Autónoma de México (México)

 Bridging Languages and Scholarship

Serie en Música

 VERNON PRESS

www.vernonpress.com

En América:
Vernon Press
1000 N West Street, Suite 1200,
Wilmington, Delaware 19801
United States

En el resto del mundo:
Vernon Press
C/Sancti Espiritu 17,
Malaga, 29006
Spain

 Bridging Languages and Scholarship

Serie en Música

Número de control de la Biblioteca del Congreso (EEUU): 2024944711

ISBN: 979-8-8819-0039-7

Certificado de Registro Público del Derecho de Autor en INDAUTOR (México):

03-2023-083113532300-01

Cover design by Vernon Press with elements from Freepik.

"El humor ha sido una forma de vida que me ha ayudado a sobrellevar aquello que no entiendo, a aceptar y comprender lo que no puedo cambiar"

Alejandro García Villalón *Virulo* (2017)[1]

---

[1] Geysell Cisneros, "Virulo, de la realidad a la comedia", *Diario Las Américas.* 12 de septiembre de 2017. https://www.diariolasamericas.com/cultura/virulo-la-realidad-la-comedia-n4131814 (consulta: 15 de diciembre de 2022).

Tabla de contenido

Prólogo

Juliana Guerrero

Universidad de Buenos Aires, Argentina

Dividido en una introducción, cuatro capítulos, un bonus track y seis apéndices, el libro *"Para poder componer…": Una biografía sonora sobre Alejandro García Villalón 'Virulo' (1955-2008)* de Pablo Alejandro Suárez Marrero, aborda la historia musical de Alejandro García Villalón, conocido como *Virulo*, entre 1955 y 2008. Se trata de un trabajo que proviene de la carrera académica de Suárez Marrero, que ha dedicado sus investigaciones a la figura de este músico[1].

En cuanto a la estructura del texto, en el capítulo 1 se repasan las investigaciones previas sobre la historia del músico, así como también se explicita la metodología que se va a llevar adelante. En este sentido, se anticipa que, a lo largo del libro, para reconstruir esta biografía musical, se considerarán notas de prensa, entrevistas realizadas sobre su actividad profesional, los premios obtenidos, sus espectáculos y las grabaciones sonoras comerciales, que sin lugar a dudas permiten un enriquecimiento de la historia.

El capítulo 2 está dedicado a la formación e influencias de García Villalón. Recordemos que es un músico cubano nacido en 1955, actualmente en actividad, y que según afirma el autor, es apreciado como continuador histórico de la guaracha y el son cubano, dos géneros musicales asociados a la música popular de la isla. Además del influjo de algunos compatriotas, Virulo ha reconocido la influencia de la Nueva Trova, movimiento emblemático de Cuba que le dio a su música un reconocimiento internacional.

El capítulo 3 aborda su etapa profesional en Cuba, antes de migrar a México en 1991. Es el período en el que se afianza como músico a través de un lenguaje propio y en el que el humor es protagonista. El capítulo 4 transita su época mexicana –entre 1991 y 2008–, en la que el desafío es interactuar con un país y una cultura distintas. En ella, se destaca el peso de la *performance*, su vínculo con el público y la importancia de la complicidad para generar la relación

---

[1] Suárez Marrero aprobó su tesis doctoral denominada "Alejandro García Villalón Virulo y sus grabaciones sonoras en vivo (1995-2009): un análisis performativo", en la Universidad de Guanajuato, México, en 2023. Anteriormente, en 2018, había presentado la tesis "Análisis del Génesis Según Virulo (2001) del cantautor cubano-mexicano Alejandro García Villalón: performance, intertextualidad y humorismo", para obtener el título de Maestro en Artes, por la misma universidad.

humor y música. La consolidación musical que implica dicha relación lo vincula con otros artistas que tienen propuestas afines, como es el caso de los argentinos Les Luthiers y Roberto Fontanarrosa, entre otros. Ello lo posiciona, entonces, como uno de los referentes del humor en la música latinoamericana. Por último, un *bonus track*, como si se tratara de un registro musical y a modo de retrato autobiográfico, reproduce la síntesis de una entrevista realizada a Virulo en México en 2022, la cual permite profundizar una mirada sobre su carrera musical.

Luego de un relevamiento de prensa muy extenso, el libro culmina con dos listados, uno de fonografía y otro de materiales audiovisuales, que están acompañados por un inventario de las grabaciones comerciales (entre 1973 y 2021), un catálogo de las grabaciones (entre 1992 y 2021), un registro de documentos videográficos de su obra *Virulencia Modulada*, que están alojados en el canal oficial del músico en YouTube, un catálogo de videoclips musicales (entre 2007 y 2021), un listado de *performances* en vivo (entre 1973 y 2020), y los premios y distinciones obtenidas (entre 1990 y 2022).

De este modo, la investigación de Suárez Marrero se inserta en una lista, aunque no extensa, de estudios acerca de la música y el humor en Latinoamérica y el mundo (Benet Casablancas, Rossana Dalmonte, Alexander Brent–Smith, Eva Mary Grew, Esti Sheinberg, Alfonso Honrubia, Eddie Eynar Ruiz-Trejo y David Huron, entre otros). Si bien es posible encontrar elementos humorísticos en muchas músicas, la mayoría de estos trabajos se han dedicado, en especial, a abordar aquellos casos en los que la práctica musical humorística ha sido un propósito explícito y principal para el artista o grupo en cuestión. De allí que músicos como Peter Schickele, Chava Flores, Ernesto Acher y Alejandro García Villalón Virulo, o grupos como Les Luthiers, The Axis of Awesome y La banda elástica, sólo por nombrar unos pocos, sean protagonistas de estos análisis académicos. En este marco de investigación, el aporte de Suárez Marrero es valioso y oportuno para la ampliación de conocimientos en el campo de los estudios musicales en la actualidad, en el que logra una profunda semblanza sobre la obra de Virulo. El manejo de fuentes, la construcción de un catálogo de obras, tanto de las grabaciones comerciales como del material audiovisual, permite desarrollar, además, el conocimiento de este músico popular que trascendió los límites de Cuba para ser reconocido por Latinoamérica, en particular, en México, donde tuvo una extensa estancia. Es de destacar, también, el enfoque analítico de expresiones artísticas e intelectuales que han cambiado a lo largo de la vida del cantautor, bajo la influencia de contextos en los que convergieron prácticas escénicas locales y búsquedas regionales de recepción.

En síntesis, el trabajo de Suárez Marrero sobre la trascendencia de García Villalón no solo en cuanto al humor sino también su importancia en el campo de la música popular cubana, permite arrojar luz sobre los géneros que se identifican con la isla y que son parte inescindible de su historia musical. Su producción, específicamente, de guaracha, son cubano y canción, también da cuenta del cruce musical que se ha producido con otros géneros, tales como la rumba, la conga, el mambo y la samba, entre tantos. Todos ellos muestran la complejidad de las prácticas musicales que se han tejido en Cuba y que forman parte de la nueva canción latinoamericana. Para poder comprender dicho fenómeno, qué mejor que sumergirse en la biografía musical que aquí nos propone Pablo Suárez Marrero.

Juliana Guerrero
Buenos Aires, junio de 2024.

Alejandro García Villalón *Virulo* en la historiografía musical (1974-2012), una introducción virulenta

La pluralidad discursiva manifiesta en la música popular actual —en muchos casos deudora de la trova tradicional, la nueva trova, y la nueva canción latinoamericana— propicia la realización de disímiles estudios musicológicos. Aún faltan por recorrer los múltiples caminos existentes en la realidad estético-musical cambiante de América Latina, Cuba y México, enmarcada en una postmodernidad social cada vez más abierta a la globalización de las expresiones culturales de los pueblos. Es dentro de esta dinámica creativa que se encuentran inmersas las grabaciones sonoras comerciales de Alejandro García Villalón *Virulo*, donde aborda disímiles contextos históricos, políticos y socioculturales con recursos de la música-humor. En ese sentido, resulta importante poner énfasis en sus documentos de música grabada o programada (1973-2021)[1].

Con notable relatividad, son recientes las investigaciones especializadas en el ámbito relacional de la música como vehículo discursivo del humor en Hispanoamérica. Sin embargo, al decir del profesor William Kinderman: "El tema del humor en la música es un objeto de estudio, aunque generalmente desatendido, de esencial importancia"[2]. De forma general, su relevancia radica en las diferentes formas en que las expresiones humorísticas confrontan lo entendido por clásico en la música, así como desacralizan algunas aproximaciones académicas hacia las culturas sonoro-textuales. Por lo que, en tanto forma particular de producción subjetiva cuya función estética se encuentra vinculada a expresiones sonoras determinadas, los recursos estilísticos y estructurales de la música también pueden ser vehículos discursivos del humor.

En el caso particular de Alejandro García Villalón *Virulo*, la mayoría de su creación ha sido referida como apuntes de notas de prensa y entrevistas periodísticas[3]. Estas dan cuenta de sus actuaciones en espacios escénicos de

---

[1] Véase el Apéndice 1. Inventario de las grabaciones sonoras comerciales (1973-2021) de Alejandro García Villalón *Virulo*.

[2] William Kinderman, "Palabras preliminares". En Benet Casablancas, *El humor en la música. Broma, parodia e ironía. Un ensayo*. 2da ed. (Barcelona: Galaxia Gutenberg, 2014), xii. [1ra ed. (Berlín: Reichenberger, 2000)]

[3] Hasta la fecha se han recopilado un total de 213 noticias sobre Alejandro García Villalón *Virulo*. Estas abarcan un lapso temporal que va desde 1985 hasta el 2020, durante el cual se enlistan sus actividades humorístico-musicales en Colombia, Cuba, España, Estados

Hispanoamérica, su quehacer profesional y las presentaciones de sus más recientes producciones discográficas. Si bien permiten un recorrido a vuelo de pájaro por más de 35 años de carrera artística ininterrumpida, muchas de estas noticias presentan incongruencias en los datos expuestos. Por lo tanto, se debe corroborar o refutar cada una de las informaciones dadas en estos artículos, en aras de que se conviertan en fuentes fiables para la construcción de una biografía sonora sobre el cantautor.

Dentro de la historiografía musical cubana, el quehacer artístico de *Virulo* ha corrido con poca suerte, pues ha sido citado de forma intermitente e inconexa. En 1974, María Teresa Linares se refirió a algunos grupos, creadores e intérpretes surgidos al calor de la Nueva Trova, dentro de los cuales apunta: "[...] la incorporación de estudiantes del movimiento de aficionados, como Alejandro García y Rubén Galindo, del Instituto Preuniversitario ´Saúl Delgado´, del Vedado"[4]. En 1977, Leonardo Acosta enlaza la creación musical de Niño Saquito[5], Noel Nicola[6] y *Virulo*, mediante un breve parangón de continuidades y rupturas en sus discursos humorísticos. De esa forma refiere:

> Al igual que Nicola, Alejandro García [...] arremete en sus sones y rumbas contra las rémoras del pasado, pero en vez de la sátira y el humor negro de Noel, es poseedor de un humorismo zumbón, ese humorismo criollo que es parte consustancial del carácter del pueblo. Esto hace que Virulo, uno de las más jóvenes de la Nueva Trova, venga a emparentarse con ese viejo cantor y cronista humorístico que fue Niño Saquito, el mordaz y satírico guarachero.[7]

Unidos, México y Venezuela. Dada la cantidad de dichas fuentes hemerográficas, se ha optado por omitir sus citas en la presente mención.

[4] María Teresa Linares, *La música y el pueblo*. 1ra reimp. (La Habana: Pueblo y Educación, 1979), 186. [1ra ed. (La Habana: Ministerio de Educación, 1974)]

[5] Benito Antonio Fernández Ortiz *Ñico Saquito* (Santiago de Cuba, 1901-La Habana, 1982): compositor, guitarrista y trovador cubano que formó parte de diferentes agrupaciones en Cuba, Venezuela, México y Estados Unidos. Se considera uno de los más importantes cultores de la guaracha en el siglo XX. En Radamés Giro, *Diccionario Enciclopédico de la Música en Cuba* (La Habana: Letras Cubanas, 2007), t. 4, 136-137.

[6] Noel Nicola (Santa Clara, 1946-La Habana, 2005): compositor y guitarrista cubano en cuyas canciones abunda la sátira mordaz con el burocratismo, los convencionalismos sociales y la hipocresía. Fue fundador del Grupo de Experimentación Sonora del ICAIC y del Movimiento de la Nueva Trova en Cuba. En Giro, *Diccionario Enciclopédico*, t. 3, 155-157.

[7] Leonardo Acosta, "La Nueva Trova: ¿un movimiento masivo?", En *Del tambor al sintetizador* (La Habana: Letras Cubanas, 2014), 99. [Publicación original: *Revolución y Cultura*, no. 63, noviembre (1977)]

En 1980, los vínculos de Alejandro García Villalón con el humor criollo de origen popular son verificados por Sara González[8] en sus respuestas a una entrevista con Mayra Martínez. La cantante explicó su debut actoral en una síntesis del *Génesis* que *Virulo* representó en Venezuela y expone, por primera vez, a la ópera-son como género musical. Así expresó:

Virulo se propuso crear la primera *ópera-son* sobre un tema universal, no estrictamente cubano, y pensó que el libro más leído es la *Biblia*. [...] Unido a esto, el son siempre ha tenido cierta peculiaridad satírica, crítica, pintando personajes populares, humorísticos en esencia.[9]

La artista cubana señaló al humor como base del espectáculo, pero defiende que no se trató de una comedia musical. Al contrario, apuntó a que fue un experimento inicial de *Virulo*, con una temática más análoga a la ópera. Por lo que Sara abordó su experiencia como un criterio artístico sin límites ante la cultura general, mismos razonamientos vertidos sobre la Nueva Trova. De las palabras de la trovadora se puede inferir que en la ópera-son confluyen argumentos textuales de importancia con caracteres dramáticos de origen popular, donde no incluye medios expresivos musicales alguno. Sin duda, se deben tomar estos juicios artísticos y personales como información proveniente de una receptora histórica, por lo que es necesario profundizar en sus contextos socioculturales y soportes de difusión.

En 1981, en el Prólogo a su libro *Canciones de la Nueva Trova*, el propio Leonardo Acosta refirió que el matiz humorístico era poco común entre los miembros de dicha corriente artística. Sin embargo, enfatizó que:

Un caso aparte es el de Virulo (Alejandro García) autor de verdaderas "antiepopeyas", como "La Historia de Cuba", y "El Génesis, según Virulo", donde mediante el humor y la sátira se nos presenta la historia burguesa como "antehistoria", o "prehistoria". [...] ya hemos citado al respecto, los casos extremos del grupo Moncada y de Virulo, que llega finalmente a su concepción de la "opera-son".[10]

---

[8] Sara González (La Habana, 1949-2012): cantante y guitarrista cubana; estudió en el Conservatorio Provincial de Música Amadeo Roldán y en la Escuela Nacional de Instructores de Artes. Fue miembro del Movimiento de la Nueva Trova en Cuba y del Grupo de Experimentación Sonora del ICAIC. En Giro, *Diccionario Enciclopédico*, t. 2, 162-163.

[9] Mayra A. Martínez, "Sara González, el canto de su tiempo", En *Cubanos en la música* (La Habana: Unión, 2015), 311-312. [Publicación original: (1980)].

[10] Leonardo Acosta, "Canciones de la Nueva Trova", En *Móviles y otras músicas* (La Habana: Unión, 2010), 144-145. [Publicación original: "Prólogo", En *Canciones de la Nueva Trova* (La Habana: Letras Cubanas, 1981)].

Con la fecha de dicha publicación bajo consideración, Acosta no explicitó si él se refería a las primeras grabaciones discográficas del cantautor en formato de *long play* o a los dos espectáculos homónimos que *Virulo* llevó a escena. Tampoco, el investigador explicó las diferencias entre humor y sátira en las obras referidas, ni las formas en que se relacionan con expresiones musicales específicas. No obstante, introduce una nueva noción sobre la ópera-son. A este intergénero musical le atribuye dimensiones temporales que desbordan los 48 compases impuestos por la canción estándar, pues su extensión está condicionada por el interés de narrar historias y procesos sociales. Entonces, el investigador enuncia presupuestos que se verificarán o refutarán en la presente investigación.

En 1995, las musicólogas Zoila Gómez y Victoria Eli incluyen a Alejandro García, como muchos otros cantautores que mantuvieron un trabajo continuo dentro de la Nueva Trova[11], junto a los dos máximos exponentes del Movimiento: Silvio Rodríguez[12] y Pablo Milanés[13]. Por su parte, la investigadora Martha Esquenazi se refiere a la obra compositiva de *Virulo* como ejemplo del modo en que la guaracha llegó al 2001: "[...] evolucionó hacia una forma cantada que todavía se utiliza"[14]. Dichas citas conducen a más interrogantes que respuestas sobre las particularidades de los lenguajes músico-textuales que se manifiestan en la obra del cantautor. Sin duda, ubican a *Virulo* en contextos sociohistóricos específicos, pero no analizan su individualidad creativa.

Como primera profundización en dicho marco contextual, Radamés Giro razona en varias ocasiones sobre Alejandro García Villalón en el 2007. Dicho investigador expresó sobre el cantautor:

> [...] Perteneció al Movimiento de la Nueva Trova, y ha cultivado en sus canciones fundamentalmente el tema humorístico. Trabajó la ópera-

---

[11] Zoila Gómez García y Victoria Eli Rodríguez, *Música latinoamericana y caribeña* (La Habana: Pueblo y Educación, 1995), 413.

[12] Silvio Rodríguez (La Habana, 1946): compositor, guitarrista, orquestador y escritor cubano, cuyas canciones abordan la realidad social del país. Fue miembro fundador del Centro de la Canción Protesta de la Casa de las Américas, del Grupo de Experimentación Sonoras del ICAIC y del Movimiento de la Nueva Trova. En Giro, *Diccionario Enciclopédico*, t. 4, 51-59.

[13] Pablo Milanés (Bayamo, 1943-Pamplona, 2022): cantante, compositor y guitarrista cubano que primero incursionó en el *filin* para después adentrarse en la canción de autor, con reflexiones sobre diversas temáticas. Fue miembro fundador del Grupo de Experimentación Sonora del ICAIC y del Movimiento de la Nueva Trova en Cuba. En Giro, *Diccionario Enciclopédico*, t. 3, 105-111.

[14] Martha Esquenazi Pérez, *Del areíto y otros sones* (La Habana: Letras Cubana, 2001), 209.

son, de la cual buen[os] ejemplo[s] han sido *Échale salsita*, sobre un tema bíblico, *Génesis, según Virulo* e *Historia de Cuba*.[15]

Giro ubica a *Virulo* en una segunda generación dentro del Movimiento junto a Vicente Feliú[16] y Pedro Luis Ferrer[17]. Es en la Nueva Trova cubana donde destaca por "[...] su agudeza satírica y crítica",[18] así como gana popularidad con sus guarachas-parodia. Al decir del investigador sobre este género musical que se refiere por primera vez, el cantautor "[...] conjuga problemas del momento con la historia pasada de Cuba y el ambiente que le propiciaba la nueva situación social del país"[19]. Sin embargo, el musicógrafo no brinda explicaciones sobre lo que se entiende por sátira musical, crítica social, ópera-son y guaracha-parodia en las composiciones de Alejandro García. El propio Giro emparienta a la guaracha con otros géneros de la música bailable. Él indicó que "[...] tiene en Alejandro García (*Virulo*), una nueva forma de proyectarse en el contexto de la música popular cubana"[20].

En apariencia, los constructos de ópera-son y guaracha-parodia tienen como afinidad a la temática del humor, pero aluden a formas y contenidos musico-textuales diversos que deben ser recabados para su mejor entendimiento. Además, no se esclarece si las temáticas son humorísticas o son argumentos de crítica social abordados desde los recursos del humor. Según lo leído, el humor se enuncia como tópico y no como herramienta creativa. En el 2014, en sólo dos páginas Frank Padrón clarifica su mirada sobre las composiciones de *Virulo* al enlazarlo con actitudes comunicativas propias de la parodia, el pastiche y la paráfrasis. Este crítico de arte es el primero que intenta esclarecer el sintagma ópera-son con el cual se ha asociado a las obras del cantautor. Para ello refiere:

---

[15] Giro, "Virulo (Alejandro García Villalón)", En *Diccionario Enciclopédico*, t. 4, 281.

[16] Vicente Feliú (La Habana, 1947): compositor guitarrista cubano que presidió el Movimiento de la Nueva Trova. Sus canciones tienen influencias musicales de la balada romántica, el blues, la música country y la habanera mexicana; con temáticas preferentes como el amor, la despedida y la muerte. En Giro, *Diccionario Enciclopédico*, t. 2, 87-89.

[17] Pedro Luis Ferrer (Las Villas, 1952): compositor y guitarrista cubano de formación autodidacta, referente de los modelos y códigos expresivos del centro de la Isla. Alude a marcos vivenciales y al sentido común para crear canciones-sones y guarachas con novedosos contrastes rítmico-armónicos. En Giro, *Diccionario Enciclopédico*, t. 2, 104-105.

[18] Giro, "Trova", En *Diccionario Enciclopédico*, t. 4, 212.

[19] Giro, "Guaracha", En *Diccionario Enciclopédico*, t. 2, 180.

[20] Radamés Giro, *Música popular cubana. Breve historia a través de los géneros y otros ritmos*. 1ra reimp. (La Habana: José Martí, 2013), 36 y 84. [1ra ed. (La Habana: José Martí, 2007)]

[...] el ingenioso trovador no solo empleaba sus famosos métodos intertextuales, sino que creaba música original en lo que constituyeron experimentos muy logrados, al fundir nuestras raíces soneras y trovadorescas con el potencial humorístico y dramático que también nos caracteriza.[21]

Para la presente investigación, lo expuesto con anterioridad tiene suma importancia, pues es la primera vez que en la historiografía musical de Cuba se aborda el humor con tanta formalidad. Por supuesto, Padrón lanza aseveraciones que corroborar o refutar mediante una profundización analítica en las grabaciones sonoras en vivo de Alejandro García Villalón pues señala a dichas características como elementos creativos de una historia pasada y no de una realidad cercana a la actual. Además, defiende que los chistes de *Virulo* salen de la escena para integrar su vida privada y no viceversa, así como la capacidad de dicho cantautor para teorizar sobre su creación. Sin duda, Frank Padrón abrió la puerta a investigaciones que permiten abordar en serio al humor musical cubano y, en particular, a las grabaciones sonoras como objeto de estudio en este libro.

En el 2012, las canciones de Alejandro García Villalón entraron a los estudios académicos con la tesis doctoral del comunicólogo Eddie Eynar Ruiz-Trejo, quien aborda el humor en la música latinoamericana mediante un estudio comparativo entre *Les Luthiers, Chava* Flores y *Virulo*[22]. El investigador enunció el vacío existente en los estudios del humor dentro de la cultura latinoamericana, aun cuando resulta ser una forma diferente de apropiarse del mundo. Por lo que se adentró en los recursos comunicativos de tres estudios de caso que emplearon el humor, la ironía y la sátira en sus creaciones musicales. Ruiz-Trejo profundizó en las letras de obras escogidas para afirmar la existencia de una identidad humorística musical en contextos urbanos-populares latinoamericanos. Para ello, le da voz y presencia a los sujetos creadores y sus canciones, con base en investigaciones sobre la identidad colectiva o sociocultural.

A lo largo de su trabajo, Ruiz-Trejo realizó una revisión de los conceptos de identidad y sus implicaciones en la conformación de un humor que germina de las historias características de los cantautores. De igual forma, llega a una noción sobre el humorismo, al interrelacionar el humor, la risa, el carnaval y la cultura, apelando a la teoría de la superioridad, el alivio de tensiones y la

---

[21] Frank Padrón, "Alejandro García *Virulo*. La trova virulenta", En *Ella y yo. Diccionario personal de la trova* (La Habana: José Martí, 2014), 78-79.

[22] Eddie Eynar Ruiz-Trejo, "'Sonamos pese a todo', el humor en la música latinoamericana, análisis comparativo de los casos: Les Luthiers, Chava Flores y Virulo", Tesis doctoral (Facultad de Filosofía y Letras, Universidad Nacional Autónoma de México, 2012).

interpretación de incongruencias. También analiza el hecho sociocultural en la música, así como la expresión musical como reflejo de la sociedad urbano-popular. El académico describe los nichos de la identidad en los cuales se insertan *Les Luthiers, Chava* Flores y *Virulo*; mediante ejemplos paradigmáticos de sus vidas y obras relacionadas con la Nueva Canción Latinoamericana de carácter testimonial. Sobre Alejandro García Villalón, Ruiz-Trejo expresó:

> [...] el autor humorístico cubano que combina inteligencia, sátira y crítica con un lenguaje mordaz y puntual. Traza su trayectoria [...]. Aquí se conocen las ideas que surgen de la filosofía que maneja en sus canciones, el uso de la sátira en el lenguaje de La Habana y la manera de ver al mundo como un cubano viajero que puede definirlo desde fuera y desde dentro de la Isla. Por otro lado, se pueden definir las etapas del humor del Virulo actual [...]. Utilizando sus letras para adaptarlas de manera cómica, recorrió el universo y la creación de su natal Cuba y narró la compleja historia de su país con mucha inteligencia y habilidad emocional.[23]

En el capítulo que le dedica al cantautor cubano, Ruiz-Trejo alude que *Virulo* crea apegado a la guaracha, tradición musical en la que ubica como padres a Ñico Saquito y Miguel Matamoros. Además, justifica que el cantautor toma por sorpresa a la Nueva Trova cubana al recurrir a la sátira social para construir sus canciones y conciertos. Así, profundiza en las letras de canciones como "Latin Lover", "El Charro Chaparro", "El Chevy", "El Mole", "Y... ¿qué es la poesía?", "La Creación","Comes y te vas", "La Torre de Babel", "Ahora tengo un amol", "El Colibrí", "El Cantor Posmoderno", y "El Antibolero". Ello conduce a que el académico enmarque las creaciones de *Virulo* desde la mirada personal del propio creador, los lenguajes paródicos e irónicos de sus textos, su quehacer en México y su pensamiento sobre el humor. No pasa por alto las relaciones existentes entre la poesía, el origen del mundo y la política en dichas canciones.[24]

Eddie Eynar Ruiz-Trejo concluye que "Virulo entonces queda como es, la representación del humor intelectual en la música latinoamericana, el humor fino y pensante"[25]. El enfoque utilizado por el investigador limita la profundización en los medios expresivos particulares de la música que le sirven de soportes comunicativos a las propias manifestaciones humorísticas que analizó. Ruiz-Trejo ve al humor como aspecto inherente a la propuesta cultural de estos representantes de la música popular del continente, pero sólo acude a géneros musicales que funcionan como formas contextuales del discurso. Entonces,

---

[23] Ruiz-Trejo, "Introducción", En "´Sonamos pese a todo´", 16.

[24] Ruiz-Trejo, "Capítulo VI. Virulo", En "´Sonamos pese a todo´", 266-321.

[25] Ruiz-Trejo, "Capítulo VI. Virulo", En "´Sonamos pese a todo´", 321.

aborda la música como pretexto para considerar al humor como un objeto de estudio serio.[26] Ello deja un camino abierto para esclarecer las formas particulares que adquieren los discursos músico-textuales como unidad indisoluble y germinal en las relaciones entre música y humor en las grabaciones sonoras de *Virulo*.

Coincide que, en el año 2012, Cássio Dalbem Barth realizó una comunicación sobre la construcción del extranjero en *Comes y te vas*, performance en vivo que presentó Alejandro García en el Café Albanta (Ciudad de México, 2008)[27]. En dicha ponencia, el investigador abordó las características performáticas y performativas empleadas por el cantautor para legitimar rasgos socioculturales de cubanidad y mexicanidad. Para ello, empleó categorías analíticas y conceptuales provenientes de los estudios de performance, así como recurrió a la escucha informada de la grabación sonora homónima. Dalbem concluyó que el binomio "habla/canción", es un núcleo irreductible en la obra y que evidencia una trans-nacionalidad entre géneros musicales de Cuba y México. De igual forma, apuntó a que el tipo de canción, la historia del artista y las referencias sociopolíticas son medios de apoyo para un mejor entendimiento del performance de *Virulo*; aspectos rescatables en la presente investigación.

Como se puede apreciar, en contraste con la respectiva cobertura periodística que ha tenido a lo largo de su carrera artística, existen pocos estudios académicos sobre la música-humor de *Virulo*. Ello propicia que, hasta el momento, se carezca de consensos o disensos sobre sus discursos creativos. Esto brinda un diapasón de oportunidades para asumir a sus grabaciones sonoras comerciales como fuentes primarias de información en estudios de performance[28], y no sólo como registro exclusivo de un evento en vivo[29]. Ello se debe a que, en el ámbito de la música popular mediatizada por agencias sociales específicas, el escrutinio de dicho soporte documental ha demostrado que las discursividades humorísticas son medios para ejercer la crítica social y subvertir la imposición de una historia occidental determinada. La mayoría de las labores realizadas al respecto han asumido la epistemología de los estudios sociales y culturales

---

[26] Ruiz-Trejo, "Conclusiones", En "´Sonamos pese a todo´", 328.

[27] Cássio Dalbem Barth, "´Comes y te vas´: Performance y Performatividad en la obra de Alejandro García Villalón ´Virulo´", Comunicación presentada en *Tão longe... tão perto... A música migrante*, 8vo Encontro Internacional de Música e Mídia (Universidade de São Paulo, 19-21 de setembro de 2012).

[28] Véase el Apéndice 2. Catálogo de las grabaciones sonoras comerciales (1992-2021) de Alejandro García Villalón *Virulo*.

[29] Úrsula Pilar San Cristóbal Opazo, "¿Acción, puesta en escena, evento o construcción audiovisual? Una breve introducción al concepto de performance en humanidades y en música", *Cuadernos de Música, Artes Visuales y Artes Escénicas*, vol. 13, no. 1, enero-junio (2018), 207-231.

como vehículo principal de trabajo, sin desechar la identificación de algunos medios expresivos del lenguaje literario y/o musical.

Frente a esta situación problemática, una biografía sonora sobre Alejandro García Villalón *Virulo* es de notable importancia y actualidad. Las características intrínsecas y contextos germinales del sujeto de estudio demandan un abordaje interdisciplinar, mismo que permite profundizar en realidades performativas particulares. Esto conlleva a la generación de nuevos conocimientos sobre el cantautor, la revalorización de su quehacer composicional y la imbricación de puntos de vistas dispersos dentro de la teoría musicológica actual. La nacionalidad cubana del sustentante, su residencia en México y su formación como flautista, investigador del patrimonio cultural y musicólogo, son circunstancias que permiten un abordaje multidimensional de las problemáticas aquí tratadas. Sin duda, se empieza a recorrer un camino poco transitado en las universidades y centros de investigación donde la música es disciplina académica y profesional. Ello enfrenta algunas complicaciones metodológicas e inconvenientes teóricos, salvables a partir de la existencia de un estímulo intelectual constante. Estas tres condiciones permiten que se generen nuevos conocimientos, o al menos aportar ese grano de arena que puede contribuir a la legitimación y preeminencia del humor musical al interior de la cultura cubana y mexicana. Toda barrera es saldable, pues ahondar en la música-humor de Alejandro García Villalón *Virulo* mediante una biografía sonora, permite un mejor conocimiento sobre los usos y funciones que poseen sus composiciones performativas en los contextos germinales.

En este libro se relacionan metodologías de la investigación etnomusicológica[30] con presupuestos teóricos-conceptuales de los estudios de performance[31]. Además, se adecua el modelo performativo para el análisis musical propuesto por la profesora canadiense Regula Qureshi[32], considerando las particularidades documentales, informativas y cognoscitivas de las grabaciones sonoras comerciales de Alejandro García Villalón *Virulo*. En ese sentido, debe resaltarse la conciliación que se busca con la propuesta para el estudio de las grabaciones sonoras que expuso el musicólogo mexicano Alfonso Pérez Sánchez[33]. Al ser partidario de lo expuesto por el etnomusicólogo brasileño Cássio Dalbem sobre el

---

[30] Enrique Cámara de Landa, "Metodología de la investigación etnomusicológica", En *Etnomusicología*. 2da ed. (Madrid: ICCMU, 2003), 361-543. [1ra ed. (Madrid: ICCMU, 1998)]

[31] San Cristóbal, "¿Acción, puesta en escena, evento o construcción audiovisual?", *Cuadernos*, 207-231.

[32] Regula Burckhardt Qureshi, "Musical sound and Contextual Input: A Performance Model for Musical Analysis", *Ethnomusicology*, vol. 31, no. 1, winter (1987), 56-86.

[33] Alfonso Pérez Sánchez, "La grabación sonora como objeto de estudio", En Pedro del Villar (coord.), *Teorías de las Artes* (Guanajuato: Universidad de Guanajuato, 2015), 67-84.

mismo sujeto de estudio[34], en esta investigación se realiza un uso consciente del nombre propio de Alejandro García Villalón para referirse a un individuo condicionado por contextos históricos, políticos, sociales y culturales delimitados en tiempos y lugares específicos, cuyas oportunidades profesionales guardan relación con las decisiones individuales y colectivas que ha tomado a lo largo de su vida personal. Por su parte, se utiliza el nombre artístico de *Virulo* para aludir a la representación social del artista, así como a los determinantes performativos y performáticos que se identificaron en sus discursos musicales, literarios, escénicos y visuales, documentados en sus grabaciones sonoras comerciales (1973-2021).

[34] Dalbem, "´Comes y te vas'", Comunicación (Universidade de São Paulo, 19-21 de setembro de 2012), 4.

Capítulo 1

Una biografía sonora como contexto performativo para Alejandro García Villalón *Virulo* (1955-2008)

En el marco de sus estudios sobre la música sufí en la India y Paquistán, Regula Qureshi explica que el contexto performativo constituye "[…] una interacción compleja entre la ideología religiosa y los hechos socioeconómicos"[1]. La académica buscaba desentrañar los significados del performance musical en relación con sus usos sociales y referencias culturales, al emplear un análisis multinivel donde prevalecen nociones sobre las estructuras musicales (reglas sonoras como un sistema para generar música) y del propio performance (situación total donde se produce la música). Sin embargo, la etnomusicóloga expone que "[…] la validez real de una herramienta de este tipo sólo puede determinarse probándola en su aplicación a otros géneros performativos, […] incluida la música de la tradición occidental"[2].

Una de las más recientes investigaciones sobre la aplicación del modelo de Qureshi fue realizada por María González, donde enfatiza que la etnomusicología ha asumido herramientas conceptuales y metodológicas propias de otras disciplinas sociales y humanísticas, como la lingüística, los estudios del folklor y de performance. A su vez, explica que una de sus características ha sido "[…] la reconceptualización de la música en relación con sus contextos culturales y las personas, ya que se requirió echar mano de todas las herramientas posibles para la mejor comprensión y profundización de los estudios etnomusicológicos"[3]. Para ello, la investigadora mexicana aboga por la búsqueda de las estructuras culturales de sentido y reconoce que el performance musical casi siempre se acompaña de otras actividades expresivas. De ahí la pertinencia de estudiar la obra creativa de Alejandro García Villalón *Virulo* como performance musical

---

[1] Qureshi, "Musical sound and Contextual Input", *Ethnomusicology*, 56.

[2] Qureshi, "Musical sound and Contextual Input", *Ethnomusicology*, 56.

[3] María González de Castilla Gómez, "Fandango jarocho y ciudad: juventud y construcción de sentidos. El caso del Colectivo Altepee", Tesis de maestría (Centro Universitario de Arte, Arquitectura y Diseño, Universidad de Guadalajara, 2017), 38.

en un contexto performativo determinado por ideologías diversas y hechos sociohistóricos específicos.

Por su parte, Gerard Béhague expone algunos elementos teóricos y metodológicos para un análisis musical centrado en el performance y el oyente[4]. Para ello, defiende la idea de que el performance musical es un fenómeno de estructura sonora que puede examinarse desde sus propios lenguajes. Aun así, para su análisis se deben incluir evidencias sobre la historia social, las instituciones musicales del período, los instrumentos musicales utilizados en su ejecución, la iconografía musical relativa a los sujetos-creadores y los tratados teóricos de la época. El académico destaca los beneficios de realizar estas investigaciones donde se relacionan nociones propias de la musicología histórica con la etnomusicología, en la búsqueda de integrar las prácticas musicales y sus contextos performativos. Béhague retoma la noción de la música como vida social total de sonidos organizados de Steven Feld como vía idónea para abordar las relaciones entre fabricantes de instrumentos y materiales, entre formas expresivas y características performativas, así como los modos en que emergen las relaciones sociales y pragmáticas en el performance[5].

Lo anterior confirma que los performances a estudiar se relacionan con el aquí y el ahora de cada ocasión, donde se pueden incluir nociones de espacialidad, temporalidad, comportamiento y corporeidad, como es el caso de la música-humor en *Virulo*. Al respecto, Prieto enfatiza que, al abordar las dimensiones performativas de las formas del lenguaje, los estudios de performance le han otorgado una creciente importancia "[...] al contexto del acto performativo, posibilitándose una nueva manera de analizar el discurso en el momento de su ejecución"[6]. Con ello, se pone la mirada tanto en los lenguajes de ejecución como en las características socioculturales y germinales del performance, que se pueden relacionar como un sistema desde donde estudiar la integralidad de los discursos creativos.

Con lo expuesto hasta el momento, es posible retomar al modelo performativo de análisis musical de Qureshi como base metodológica, adecuándolo a las características musicales, textuales y visuales de la creación artística de Alejandro García Villalón. En esta investigación, el trabajo etnográfico se enfoca en los

---

[4] Gerard Béhague, "A Performance and Listener-Centered Approach to Musical Analysis: Some Theoretical and Methodological Factors", *Latin American Music Review / Revista de Música Latinoamericana*, vol. 27, no. 1, spring-summer (2006), 10-18.

[5] Béhague, "A Performance and Listener-Centered Approach", *Latin American Music Review*, 12.

[6] Antonio Prieto Stambaugh, "Los estudios de performance: un simulacro crítico", *Citru.doc. Cuadernos de investigación teatral*, no. 1, noviembre (2005, 54.

performances musicales de *Virulo*, a los cuales se accede mediante la escucha analítica de sus grabaciones sonoras en vivo (1995-2009). Desde los estudios de performance, estos discos compactos constituyen archivos documentales donde se integran elementos comportamentales (estrategias musicales, textuales, visuales y escénicas) con elementos conceptuales (simbólicos e ideológicos), que conforman cada una de las ocasiones musicales a estudiar.

Lo precedente enlaza con las premisas expuestas por Alfonso Pérez para asumir a la grabación sonora comercial como objeto de estudio: es un producto, un documento y un objeto acústico-musical; está incluida dentro del concepto de registro sonoro y constituye un vestigio propio del siglo XX[7]. Para arribar a estas, el musicólogo aborda algunas de sus cualidades, con apuntes sobre la estabilidad en la reproducción de la interpretación musical, las condiciones de escucha, así como las posibilidades de difusión y acceso a expresiones musicales diversas. Pérez concluye que "[...] las grabaciones sonoras son documentos que representan una ventana y una huella de su tiempo que recogen lo que ocurre sonoramente en la sociedad. [...] y constituyen un elemento clave para el estudio de la realidad musical de nuestro tiempo"[8]. Para tener una visión holística del caso que ocupa, tienen igual importancia el contexto representado en cada uno de los performances y el contexto germinal de sus composiciones performativas, a desentrañar mediante la historia de vida del cantautor, en tanto constituye su biografía sonora.

En esa línea de trabajo, la historia de vida es una técnica de investigación que enfatiza en los significados asociados a los actos de los sujetos, según la postura manifiesta en las investigaciones realizadas por la primera escuela de Chicago sobre la inmigración polaca en Estados Unidos[9]. Para ello, proponen el registro de las formas en que los individuos se representan en una realidad social determinada, en tanto fuente primaria y autobiográfica de dichos actores sociales. Sin embargo, enarbolan la sistematización y contrastación de datos obtenidos en productos de la conciencia individual, como fuentes secundarias ineludibles para la construcción objetiva del conocimiento en las humanidades. A partir de 1918, con una publicación conjunta entre William Thomas y Florian Znaniecki, emerge la historia de vida como "[...] documento sociológico para comprender desde adentro el mundo del actor"[10].

---

[7] Alfonso Pérez Sánchez, "La grabación sonora como objeto de estudio". En Pedro del Villar (coord.), *Teorías en las Artes*, (Guanajuato: Universidad de Guanajuato, 2015), 80-82.

[8] Pérez, "La grabación sonora como objeto de estudio". En del Villar (coord.), *Teorías en las Artes*, 82-83.

[9] Miguel Martínez Miguélez, "Historias de vida". En *Ciencia y arte en la metodología cualitativa*, 2da ed. (México: Trillas, 2006), 203-228.

[10] Martínez, "Historias de vida". En *Ciencia y arte*, 210-211.

Casi cincuenta años después, Oscar Lewis busca trascender la influencia tácita del positivismo en la construcción de una historia de vida, con la publicación de la primera edición en español de su *Autobiografía de una familia mexicana* (1964). Al decir de Miguel Martínez, en este libro Lewis esbozó "[...] los principales problemas epistemológicos y metodológicos que todo investigador con historias de vida tiene que tener presentes"[11]. Estas problemáticas presentan a la historia de vida como método de investigación social y algunos cuestionamientos inherentes: la confiabilidad, validez y objetividad de los datos obtenidos. Para ello, el estudioso debe recurrir a las propias palabras de los sujetos, a una multiplicidad de narraciones y a la independencia de dichos datos con respecto a las perspectivas del investigador. No obstante, debe considerar que, cuando el actor social recurre a su memoria "[...] puede falsear algunos datos, omitir otros y dar por acaecidos sucesos que no pasaron"[12].

Más allá de una intencionalidad explícita o no en la simulación de la información, para la construcción de una historia de vida, el investigador aprende a discriminar lo relevante y verdadero al interior de las narraciones autobiográficas, así como propiciar su contrastación con otras fuentes documentales. A su vez, debe seleccionar, ordenar y organizar todos los datos de forma congruente, darles voz a los sujetos estudiados y evitar que afloren sus propios prejuicios. Así, dentro de los métodos cualitativos, la historia de vida permite el conocimiento de una realidad situada desde las lógicas intrínsecas que la rigen y las dinámicas de sus actores sociales. Para un mejor entendimiento de las relaciones gnoseológicas entre el investigador y el sujeto de estudio, se deben considerar los sesgos del primero ante la orientación y sentido que le otorga a la historia de vida del segundo, mismos que se manifiestan en las preguntas que rigen la investigación.[13]

Al respecto, Rubén López-Cano y Úrsula San Cristóbal puntualizan que la historia de vida es "[...] la reconstrucción de la biografía de un individuo específico a partir del testimonio del propio sujeto o de individuos de su entorno"[14]. Dentro de la investigación artística en música, esta herramienta cualitativa puede ser empleada para conocer sobre las técnicas, modos de componer e interpretar de creadores específicos. Entonces, sus relatos de vida constituyen casos representativos de formas de hacer música en culturas situadas, escrutables mediante entrevistas y análisis de objetos. En este

---

[11] Martínez, "Historias de vida". En *Ciencia y arte*, 216.

[12] Martínez, "Historias de vida". En *Ciencia y arte*, 215.

[13] Martínez, "Historias de vida". En *Ciencia y arte*, 215-216.

[14] Rubén López-Cano y Úrsula San Cristóbal Opazo, *Investigación artística en música. Problemas, métodos, experiencias y modelos* (Barcelona: FONCA y ESMUC, 2014), 119.

segundo aspecto, los artefactos deben ser resultantes de las motivaciones del artista, informaciones preexistentes sobre su creación y/o constructos del investigador. Según estos musicólogos, los documentos para analizar pueden comprender "[...] autobiografías, diarios personales, correspondencia, material iconográfico, objetos personales, colecciones de libros y discos"[15].

Como se aprecia, la historia de vida puede contribuir a un entendimiento de los sujetos musicales en sociedades diversas, así como acercar sus biografías sonoras a la experiencia vívida de los escuchas. A pesar de ello, este método etnográfico aparece invisibilizado dentro del quehacer disciplinar del folklore y la etnomusicología en México[16]. En este segundo campo de conocimiento, los investigadores han preferido abordar a los actores sociales de culturales musicales con un enfoque biográfico. Esta perspectiva limita los discursos académicos a narraciones sobre la vida del individuo estudiado (creadores, músicos u otros investigadores), desde su nacimiento hasta el espacio temporal del texto. Según el propio Martínez, "Las biografías se agotan en sí mismas [...] cuando han presentado plenamente la vida del personaje"[17]. Por lo que, de forma general, las biografías no pretenden ser base para otras investigaciones. aun cuando ambas, biografías e historias de vida, son parte de la historiografía de una sociedad específica, una nación y expresiones de la acción humana.

Bajo ese tenor, es posible realizar una reconstrucción de la biografía sonora de Alejandro García Villalón *Virulo*, mediante un análisis de los documentos relativos a la gestión y difusión de su actividad musical, así como de su música programada o grabada. Al respecto, Cirila Cervera esclarece que "[...] sería la construcción de historias de vida, ya fueran completas o parciales, pero que son armadas o editadas, esto es, elaboradas por el investigador"[18]. Dicha postura epistémica ante la historia social del artista permite la intervención recurrente de la persona que la escribe, con "[...] aclaraciones, explicaciones, comentarios, citas, interrogantes y referencias cruzadas [...]"[19]. Ello enriquece la apropiación biográfica del cantautor y su obra, a través de la triangulación de fuentes de información, reflexiones críticas y contextualizaciones históricas,

---

[15] López-Cano y San Cristóbal, *Investigación artística en música*, 119.

[16] Carlos Ruiz Rodríguez, "Del Folklore musical a la Etnomusicología en México: esbozo histórico de una joven disciplina", Tesis de maestría (Facultad de Música, Universidad Nacional Autónoma de México, 2010), 08.

[17] Martínez, "Historias de vida". En *Ciencia y arte*, 217.

[18] Cirila Cervera Delgado, "Las historias de vida. Apuntes metodológicos y didácticos para su construcción". En Ada Marina Lara Meza, Felipe Macías Gloria y Mario Camarena Ocampo, coord., *Los oficios del historiador: taller y prácticas de la Historia Oral* (Guanajuato: Universidad de Guanajuato, 2010), 120.

[19] Cervera, "Las historias de vida". En Lara, Macías y Camarena, *Los oficios del historiador*, 120.

sociales y culturales. En la presente investigación se busca comprender el sentido propio del sujeto historiado, así como aspectos trascendentales de su experiencia vívida.

Según explicó Miguel Martínez, "[...] la historia es un acto social en sí misma, [...] en ella está ya lo social concreto en corriente histórica de vida"[20]. Entonces, esta herramienta auxiliar permite un acercamiento a los contextos creativos de Alejandro García Villalón *Virulo* y a sus performances. Para su reconstrucción, se acude al análisis de documentos biográficos, tanto textuales como orales. Por lo que se relacionarán notas de prensa y entrevistas publicadas sobre su quehacer profesional, premios obtenidos, espectáculos humorístico-musicales y grabaciones sonoras comerciales. También se aborda el material audiovisual disponible en internet, con énfasis en las entrevistas sobre aspectos personales de su vida, sus performances y videoclips musicales. De esta forma, la biografía sonora del cantautor es tomada como fuente de datos construida por el investigador para contextualizar sus performances y esclarecer las tramas sociales, históricas y culturales que permitieron su germinación.

Es importante puntualizar que, para la reconstrucción de la biografía sonora de Alejandro García Villalón *Virulo*, se asumen los quehaceres teóricos de la historiografía crítica, con varias décadas de implementación en las investigaciones históricas en México. Esta perspectiva permite la asimilación de habilidades para un mejor planteamiento del tema de investigación y su problematización, mediante una reflexión sobre el estado del conocimiento previo y la constante búsqueda de generar nuevos saberes sobre los sujetos-objetos de estudio. Al respecto, Silvia Pappe asume a la historiografía crítica como "[...] una forma de problematizar el conocimiento sobre el pasado, su potencial significativo, así como la historicidad de los procesos de construcción de conocimiento histórico"[21]. Entre otras problemáticas, la académica explica que la disciplina ha reflexionado sobre la objetividad, narratividad y representatividad de los relatos construidos, con énfasis en la recepción y transmisión de la historia.

Además, Pappe refiere que la historiografía crítica se ha ocupado de la participación de los sujetos en la historia, a partir de la construcción de identidades, los procesos de significación, la influencia de las tradiciones, así como el valor de los testimonios y las fuentes de información[22]. Entonces, se aboga por una complejidad de la cognición histórica, con base en las condiciones cambiantes e historicidad de los sujetos y sus acciones en sociedad. Por tanto,

---

[20] Martínez, "Historias de vida". En *Ciencia y arte*, 219.

[21] Silvia Pappe, *Historiografía crítica: una reflexión teórica* (Ciudad de México: Universidad Autónoma Metropolitana, Unidad Azcapotzalco, 2001), 13.

[22] Pappe, Historiografía crítica, 13-14.

se abordan aquellas ideas abstractas sobre la realidad social, histórica o contemporánea, y las formas en que se construyen teorías sobre éstas. Para tener un panorama general sobre la historiografía crítica, la historiadora aborda sus principales ejes teóricos: desarrollo, problematización e historicidad de los conceptos; condiciones y posibilidades del conocimiento; así como los procesos de significación sobre el pasado. Al profundizar en sus debates metodológicos, Pappe acude a estudios sobre temporalidad, espacialidad y las posibilidades de la historia como representación, aspectos relevantes para la presente investigación.

La profesora asume a la temporalidad como una noción del tiempo, constituida por la experiencia del cambio y la transformación[23]. Bajo ese tenor, el investigador se debe familiarizar con las formas de temporalidad, en aras de generar conocimientos sobre lo pretérito, las relaciones que se pueden establecer con la memoria individual y colectiva, así como la identificación de las tensiones latentes entre pasado y presente históricos. Entonces, las periodizaciones pueden estar sujetas a cambios, pues atienden a cuestiones relevantes como los ciclos de vida, grupos etarios, períodos culturales y regímenes políticos[24], entre otros aspectos. En este caso en particular, para la construcción de la biografía sonora de Alejandro García Villalón *Virulo* se enfatiza en los propios tiempos de su vida cotidiana, con marcadores sincrónicos surgidos de la identificación de sus etapas creativas y cambios migratorios.

Con una visión diacrónica del pensamiento histórico sobre los contextos performativos del sujeto-objeto de estudio, en esta investigación se relacionan distintos tipos de tiempo: el biológico (estructura generacional); como categoría con significado implícito (proceso dialéctico y devenir creativo); sobre sucesos no repetidos (hechos históricos y memoria cultural); sobre los sucesos repetidos (performances); y sobre la percepción de una meta lograda (grabaciones sonoras, premios obtenidos y lugares de presentación)[25]. Esto enlaza con la noción de espacialidad expuesta por Pappe, quien aboga por una diferenciación entre los espacios reales, los espacios conceptuales y la visión del mundo, tanto del investigador como del sujeto[26]. Por lo que se deben relacionar las variadas percepciones sobre el espacio-tiempo con aspectos culturales de la sociedad germinal, en aras de problematizar sobre la construcción de los espacios creativos del cantautor, que devienen en sus propios contextos performativos.

---

[23] Pappe, Historiografía crítica, 29.

[24] Pappe, Historiografía crítica, 30.

[25] Pappe, Historiografía crítica, 31-32.

[26] Pappe, Historiografía crítica, 39.

Silvia Pappe también enfatiza en la capacidad de la historia como representación de la historicidad y explora sus posibilidades en los discursos sobre el pasado. La académica aborda la historia como "[...] uno de los discursos que tienen la capacidad de generalizar experiencias particulares en –y para– una sociedad, dotando estas experiencias de significados más amplios [...]"[27]. Bajo esta premisa, el investigador puede generar modelos y estructuras que permiten analizar experiencias similares de otros sujetos enmarcados en la misma temporalidad y espacialidad del sujeto-objeto que se estudia. Como se puede apreciar, el carácter reflexivo de la historiografía crítica admite la traslación de sus postulados teóricos a los estudios de performance, y así rescatar nociones sobre la historicidad de los sujetos creadores, la representación de identidades y los posibles significados de las tradiciones en contextos específicos.

Si bien se asumen algunos presupuestos teórico-metodológicos de la historiografía crítica, el capítulo dedicado a la biografía sonora como contexto de performance también se alinea, entrecruza e interpela a algunas directrices expuestas por Alejandro L. Madrid sobre la biografía como herramienta de conocimiento musical[28]. De forma consciente, se asume el pasado creativo del sujeto como antecesor del presente histórico, se privilegia una narrativa cronológica con pequeños saltos relacionales, así como se reflexiona sobre el complejo entramado de privilegios del que participa de forma involuntaria; condicionados por su género, raza y nacionalidad. Sin embargo, se busca trascender una tendencia celebratoria de los mismos, la reproducción de ideas de superioridad de algún tipo o de cánones musicales preestablecidos, y la fe ciega en la supuesta objetividad de las fuentes de información. En todo caso, se comprende lo difícil de esbozar una única e imparcial biografía sobre el cantautor estudiado; ello trasciende los marcos escriturales trazados. Por lo que se ubican, investigan y cuestionan aquellos aspectos históricos, sociales y culturales que conciernen a los contextos performativos del cantautor, abordados como problemas abiertos al debate desde un pensamiento situado que se construye desde su doble recepción: informada (1955-1989) e histórica (1989-actualidad).

Al corresponder con las recomendaciones realizadas por Óscar Hernández para el estudio social de las prácticas musicales[29], en el presente libro se

---

[27] Pappe, Historiografía crítica, 83.

[28] Alejandro L. Madrid, "Entre/tejiendo vidas y discursos: Notas y reflexiones en torno a la biografía y la anti-biografía musical", *Revista Argentina de Musicología*, vol. 22, no. 1, 2021, 19-43.

[29] Óscar Hernández Salgar, "La semiótica musical como herramienta para el estudio social de la música", *Cuadernos de Música, Artes Visuales y Artes Escénicas*, vol. 7, no. 1, enero-junio (2012), 39-77.

cuestionan las circunstancias específicas del contacto de Alejandro García Villalón con la música y el humor, sus reacciones ante las prácticas escénicas de su tiempo y lugar, así como las formas en que el cantautor categoriza algunos elementos constitutivos de su experiencia musical y creaciones escénicas. Para responder dichas interpelaciones, se aboga por el eje cognitivo-corporal de la semiótica musical, vía epistémica que conduce a una deconstrucción del contexto performativo de las grabaciones sonoras de *Virulo*. Es así como se indaga en la significación de sus actos performativos, vistos como acciones corporizadas mediante procesos subjetivos de categorización artística[30]. Bajo ese tenor, se revisan documentos orales (entrevistas y escritos etnográficos) así como otras fuentes de información (notas de prensa, iconografía musical y grabaciones audiovisuales) con un enfoque metodológico propio de la historiografía crítica.

---

[30] Hernández, "La semiótica musical", Cuadernos de Música, Artes Visuales y Artes Escénicas, 69.

Capítulo 2

Se me quedó pega'o el nombre: formación e influencias sonoras (Cuba, 1955-1973)

Alejandro García Villalón *Virulo* nació el miércoles 5 de enero de 1955 en La Habana (Cuba). En su infancia residió en un apartamento familiar situado en la calle 23 entre 8 y 10 en El Vedado[1], reparto habanero que formaría parte del actual municipio Plaza de la Revolución, centro político y administrativo de la capital cubana. Según comentó en una entrevista:

> Era un niño tranquilo, quizás un poquito… me gustaba jeringar a mis primas, a mi hermana. Aparte de ser un niño tranquilo, era un niño un poco jodedor, en otras palabras. Me acuerdo, todos los muebles de la casa quedaron desbaratados, porque siempre agarraba los muebles los viraba al revés y hacía unas naves espaciales, entonces jugábamos.[2]

Aun cuando gustaba de molestar y enfadar a sus coetáneas, *Virulo* considera que fue un niño querido por sus familiares. Ambos padres estudiaron pintura en la Academia Nacional de Bellas Artes San Alejandro, donde se conocieron, entablaron una relación y se casaron[3]. Su papá derivó en director de dibujos animados y su mamá en secretaria, según comenta: "Ninguno de los dos era humorista, poeta o trovador […]"[4]. El padre, Modesto García, fue miembro fundador del Instituto Cubano del Arte e Industria Cinematográficos (ICAIC), donde se integró al Departamento de Trucaje. Esta circunstancia permitió que Alejandro accediera a muchas de las exhibiciones de largometrajes que proyectaba la Cinemateca sólo para empleados de dicha institución[5]. Al respecto enfatiza:

> Vi una cantidad de películas de ciencia ficción desde niño, que yo creo que alimentaron mucho mi fantasía, y eso es una cosa que no he

---

[1] Amaury Pérez, "Alejandro García Virulo: 'Los humoristas somos gente seria´'", *Cubadebate.cu*. 09 de junio de 2010. http://www.cubadebate.cu/especiales/2010/06/09/alejandro-garcia-virulo-los-humoristas-somos-gente-seria/ (consulta: 10 de abril de 2020).

[2] Pérez, "Alejandro García Virulo", *Cubadebate.cu*. 09 de junio de 2010.

[3] Héctor Arturo, "Un Alejandro llamado *Virulo*", *Palante*. 53, 12 de diciembre de 2014, 2.

[4] Arturo, "Un Alejandro llamado *Virulo*", *Palante*. 53, 12 de diciembre de 2014, 2.

[5] Pérez, "Alejandro García Virulo", *Cubadebate.cu*. 09 de junio de 2010.

abandonado, el deseo ese de fantasear, de imaginar un mundo distinto del que vivimos. Eso no me ha abandonado nunca.[6]

El 1º de enero de 1959 triunfa la Revolución cubana, casi al cumplirse los 4 años de vida de Alejandro García. Al decir por el compositor Harold Gramatges, dicho proceso "[...] produjo en Cuba un profundo cambio en la estructura económica, política y social, que abrió grandes perspectivas a la cultura del país"[7]. Se sucedieron paulatinas transformaciones al interior de la otrora Dirección General de Cultura del Ministerio de Educación, devenida en Consejo Nacional de Cultura y en el actual Ministerio homónimo, que sedimentaron la concepción de una identidad nacional con miradas al rescate del patrimonio, las tradiciones y la soberanía. Atento a dicha coyuntura social, el también pedagogo denota que "[...] la música emerge liberada del yugo de la burguesía que vivió de espaldas a su destino más noble: el desarrollo de la cultura del pueblo"[8].

Gramatges explica que la Revolución cubana recorrió tres caminos fundamentales para el impacto de diferentes perspectivas sociales en la música: educación, creación y divulgación. Desde los primeros meses de 1959, la radioemisora habanera CMZ se convirtió en un espacio para la educación musical no formal del pueblo, "[...] donde se afianzaba lo cubano como razón histórica de la nueva realidad nacional"[9]. Por su parte, entre 1963 y 1967 sesionó el Seminario de Música Popular, con la finalidad de elevar el nivel técnico de los compositores de música popular. Además, en 1968 se integran los centros populares de música de La Habana y Santiago de Cuba al Movimiento Nacional de Artistas Aficionados, y ese mismo año se fundan las escuelas de la Sociedad de Autores Musicales y de Superación Profesional. Estas instituciones tuvieron como meta la profesionalización de los cultores populares.

Sin duda, Gramatges señala: "El triunfo de la Revolución significó para la música cubana una ampliación del horizonte estético"[10]. Como instituciones encargadas en la organización y difusión de dichas prácticas artísticas, alude a la fundación de la Dirección Nacional de Música del entonces Consejo Nacional de Cultura (1961), el Departamento de Música de la Biblioteca Nacional de Cuba José Martí (1961), el Departamento de Música de la Casa de las Américas (1965)

---

[6] Pérez, "Alejandro García Virulo", *Cubadebate.cu.* 09 de junio de 2010.

[7] Harold Gramatges, *Presencia de la Revolución en la música cubana*, 2ᵈᵃ ed. (La Habana: Editorial Letras Cubanas, 1997), 30. [1ʳᵃ ed. (La Habana: Editorial Letras Cubana (1983)].

[8] Gramatges, Presencia de la Revolución en la música cubana, 30.

[9] Gramatges, Presencia de la Revolución en la música cubana, 42.

[10] Gramatges, Presencia de la Revolución en la música cubana, 36.

y del Museo Nacional de la Música (1971). Además, enfatiza en el papel decisivo del ICAIC (1959) y de la Empresa de Grabaciones y Ediciones Musicales EGREM (1964) para la experimentación sonora. Durante esos años iniciales de la Revolución, que coinciden con la educación primaria y secundaria de Alejandro García Villalón *Virulo*, el académico concluye que "[...] la música cubana alcanza su destino sobre la base de las ideas expuestas en el Primer Congreso de Educación y Cultura, celebrado en 1971 [...]"[11].

Según confirma el musicólogo Argeliers León, estas transformaciones acaecidas en la música popular cubana obedecieron a la integración de la música tradicional y folklórica al cambio histórico y social verificado con la Revolución, como parte de las nociones culturales conquistadas por el propio pueblo. Por lo que se produjo una ruptura inicial de los prejuicios existentes sobre la dicotomía entre música vieja y música joven, que fueron sostenidas por un consumo musical derivado de los influjos del creciente mercado norteamericano de décadas anteriores a las estudiadas. Los logros alcanzados entonces por el proceso revolucionario se articularon con la formación de grupos de aficionados y la incorporación de gran parte de la población a determinadas prácticas musicales, en aras de obtener un arte de masas[12].

Dentro de ese contexto de cambios políticos, sociales y culturales, Virulo identifica que desde temprana edad dio señales de una personalidad humorística, al expresar: "[...] los que me rodeaban solían reírse mucho cuando yo comentaba algo, lo cual me molestaba bastante, pero mientras más me encabronaba más se reían, y más aún si el asunto era serio"[13]. Esa veta humorística se la atañe a su acervo musical santiaguero, legado por la línea maternofilial. Sobre ello comenta: "Mi vocación humorística tiene mucho que ver con mi madre, santiaguera ella, sabía muchos sones y guarachas; así conocí, por ejemplo, la obra de Matamoros y *Ñico Saquito*"[14]. Bajo esa tesitura, también enfatiza en la relación con su abuela Emilia Reiné, mujer ocurrente y simpática[15], que lo condujo a su propio mundo creativo mediante la pintura y escritura de poemas. Según asevera *Virulo*: "Parte de eso fue mi infancia y creo que el humor iba a aparecer de alguna manera"[16].

---

[11] Gramatges, Presencia de la Revolución en la música cubana, 25.

[12] Argeliers León, *Del canto y el tiempo*, 2da ed. (La Habana: Editorial Letras Cubanas, 1984), 312-314. [1ra ed. (La Habana: Editorial Letras Cubana (1974)].

[13] Arturo, "Un Alejandro llamado *Virulo*", *Palante*. 53, 12 de diciembre de 2014, 2.

[14] Pedro de la Hoz, "Un humor inteligente para la inteligencia del público", *Granma*. 22 de noviembre de 2013. http://www.granma.cu/granmad/2013/11/22/cultura/artic06.html (consulta: 16 de febrero de 2021).

[15] Arturo, "Un Alejandro llamado *Virulo*", *Palante*. 53, 12 de diciembre de 2014, 2.

[16] Pérez, "Alejandro García Virulo", *Cubadebate.cu*. 09 de junio de 2010.

Su sobrenombre, devenido en alias artístico, lo identifica desde los 8 años cuando cursaba los grados iniciales de la instrucción primaria. Al respecto comenta:

> Virulo me lo dicen desde tercer grado, una profesora me puso en una lista de asistencia; mi nombre es Alejandro García Villalón, y me puso Alejandro García Virulo, y pasó la lista de asistencia así. Creo que era porque yo jeringaba mucho, hablaba mucho en clases. Virulo en Cuba no significa absolutamente nada [...][17]

Desde ese momento sus compañeros de salón le empezaron a llamar por *Virulo*, para aludir a la comicidad del mote[18]. Aun cuando en un inicio le molestó, Alejandro García decidió aceptarlo como un sello irremediable de su quehacer social. Él profundiza: "[...] era un nombre muy sugerente para los niños cubanos, fácil para la rima, a mí me enojaba. Lo peor fue cuando un día mi propia madre me llamó Virulo. Todavía no se lo perdono"[19]. De igual forma, sobre sus inicios compositivos comenta:

> En la secundaria todavía no hacía canciones humorísticas. En la secundaria tenía un grupo ahí loco que se llamaba Los Sioux, [...] que era un grupo de Rock and Roll. Después fue en el Pre que empezamos en la Nueva Trova y a hacer las canciones en ese corte.[20]

Bajo dicho tenor, Alejandro García identifica a *Ñico Saquito* y a Miguel Matamoros como sus padres musicales, de los cuáles se considera un buen hijo[21]. Antonio Fernández *Ñico Saquito* fue un compositor, guitarrista y trovador que nació en Santiago de Cuba (1901) y falleció en La Habana (1982). Formó parte de diferentes agrupaciones soneras en Cuba, Estados Unidos, México y Venezuela, lugares donde se le consideró uno de los más importantes cultores de la guaracha durante el siglo XX[22]. Por su parte, Miguel Matamoros fue un guitarrista y compositor que nació y murió en Santiago de Cuba (1894-

---

[17] Pérez, "Alejandro García Virulo", *Cubadebate.cu*. 09 de junio de 2010.

[18] Carlos León, "Virulo. un idealista pragmático", *La Jiribilla*. IV (125), septiembre de 2003. http://www.lajiribilla.co.cu/2003/n125_09/125_04.html (consulta: 14 de abril de 2020).

[19] Clarín, "Somos gente de sangre ligera", *Clarín.com*. 12 de mayo de 2004. https://www.clarin.com/ediciones-anteriores/gente-sangre-ligera_0_Sk3exZTkCFg.html (consulta: 16 de febrero de 2021).

[20] Pérez, "Alejandro García Virulo", *Cubadebate.cu*. 09 de junio de 2010.

[21] Douglas Bolívar, "Virulo: 'El humor es la distancia que hay entre lo que somos y lo que creemos ser'", *Tele Sur*. 31 de julio de 2008. http://historico.cubainformacion.tv/index.php/cultura/34221-virulo-el-humor-es-la-distancia-que-hay-entre-lo-que-somos-y-lo-que-creemos-ser (consulta: 10 de abril de 2020).

[22] Giro, Diccionario Enciclopédico, t. 4, 136-137.

1971). Fundó varios conjuntos instrumentales donde destacó el Trío Matamoros, agrupación con la cual realizó giras por Colombia, Cuba, Curazao, Estados Unidos, México, Panamá, Puerto Rico, República Dominicana y Venezuela. Dentro de su vasto catálogo de obras, se conservan más de cien sones y boleros, que lo ubican como uno de sus exponentes más prolíficos de la música popular cubana en la primera mitad del siglo XX[23].

Al considerar lo anterior, *Virulo* es apreciado como un continuador histórico de la guaracha[24] y del son cubano[25]. Como explica Radamés Giro: "La guaracha, surgida a fines del siglo XVIII [...], alcanzó su mayor significación artística en los primeros años del XX en el teatro Alhambra [...]"[26]. Es un género cantable y bailable de origen andaluz, que llega a Cuba y Puerto Rico con las continuas migraciones españolas que se suceden hacia el continente americano durante el siglo XIX. El musicógrafo señala que la guaracha tiene como rasgo distinto su tema alegre, picaresco y sensual[27]. Sin embargo, ha trascendido como un género musical utilizado para "[...] denunciar o satirizar todo hecho o acontecimiento popular o político, de origen local o nacional"[28]. Sobre su estructura musical, Giro destaca:

> La guaracha consta de una introducción de cuatro u ocho compases y de dos o tres partes que suelen repetirse. En algunas antiguas guarachas hay pequeños solos a los que suceden partes coreadas que cantan los guaracheros y, tanto las escritas en compás de 2 por 4 como en 6 por 8, tienen la misma forma y análogas proporciones.[29]

Dicho género casi desapareció de la música cubana hacia finales del siglo XIX, pero resurge en el ámbito popular en 1940. Sin embargo, es *Ñico Saquito* quien la rescata en la década del cincuenta y le otorga nuevos elementos discursivos provenientes de la música popular bailable. Es así como la guaracha forma parte de un proceso de mestizaje cultural que la emparenta con el son, la rumba, la conga, el pregón, el mambo y la samba, géneros

---

[23] Giro, Diccionario Enciclopédico, t. 3, 83-85.

[24] Radamés Giro, *Música popular cubana. Breve historia a través de los géneros y otros ritmos.* 1ra reimpr. (La Habana: José Martí, 2013), 35-36. [1ra ed. (La Habana: José Martí, 2007)]

[25] Redacción Vanguardia Liberal, "Virulo. el mejor humorista de Cuba", *Vanguardia.* 08 de junio de 2013. https://www.vanguardia.com/entretenimiento/cultura/virulo-el-mejor-humorista-de-cuba-BAVL211563 (consulta: 10 de abril de 2020).

[26] Giro, Música popular cubana, 33.

[27] Giro, Música popular cubana, 34.

[28] Giro, Música popular cubana, 33.

[29] Giro, Música popular cubana, 34.

musicales cultivados en Cuba a mediados del siglo XX. El propio Radamés Giro señala que:

> La guaracha tiene en Alejandro García (*Virulo*), una nueva forma de proyectarse en el contexto de la música popular cubana. Para expresarse, ha escogido la guaracha-parodia, donde conjuga la historia pasada de Cuba y el ambiente que le propiciaba la nueva situación social del país.[30]

Con respecto al son, Martha Esquenazi alude a que "[...] era solo un canto tradicional no bailable de gran antigüedad; tal vez se bailó en el siglo XVI, pero no igual que el son tal y como lo entendemos actualmente"[31]. La especialista señala que, a inicios del siglo XX, se nombra como son a un género musical definido. Sus orígenes bailables pueden desdibujarse, pero Esquenazi relaciona al son con danzas de aires pícaros provenientes del Oriente cubano; también con danzas en las que se emplean vestuarios y coreografías específicas, localizadas en zonas rurales del centro del país; así como con la rumbita, dancita o cotunto de la región occidental y la actual Isla de la Juventud, espacios geográficos del archipiélago caribeño[32]. En todo caso, la investigadora señala que:

> Todos estos aspectos llevan a pensar que el son comienza a gestarse como la conjugación de elementos danzarios procedentes de diversas fuentes étnicas y sociales desde el siglo XIX, y no toma cuerpo ni nombre propios, hasta los últimos años del mismo siglo y los primeros del siguiente.[33]

Martha Esquenazi destaca la pervivencia de variantes regionales del género musical, perceptibles durante el siglo XX gracias a las prácticas mantenidas por conjuntos campesinos que interpretaban músicas tradicionales. Además, denota algunos rasgos músico-textuales del son cubano que son similares a otros géneros musicales de América Latina, identificándolos como elementos integrantes del complejo del son. Entre otros aspectos comunes, la especialista enfatiza en "[...] la alternancia de solo y coro y la improvisación de cuartetas por el solista, improvisaciones melódicas en los cordófonos o rítmicas en los membranófonos"[34]. De igual modo, recalca el acompañamiento instrumental y las secciones rítmicas improvisadas de los bongós en el changüí, como un elemento expresivo propio de dicha variante sonera.

---

[30] Giro, *Música popular cubana*, 84.

[31] Martha Esquenazi Pérez, *Del areíto y otros sones* (La Habana: Letras Cubanas, 2001), 189.

[32] Esquenazi, *Del areíto y otros sones*, 190-194.

[33] Esquenazi, *Del areíto y otros sones*, 195.

[34] Esquenazi, *Del areíto y otros sones*, 198.

Desde sus inicios, las formas cantadas del son se hicieron acompañar por la guitarra, el tres y la botija o la marímbula, a los cuales más tarde se sumaron el bongó, el contrabajo, las trompetas y otros instrumentos percutidos y de aliento, hasta conformar los sextetos, septetos y conjuntos soneros en el siglo XX[35]. Ello devino en un complejo de comunicación e interpretación musical característico de la organografía cubana, con la superposición de planos tímbricos bien diferenciados: las cuerdas pulsadas (guitarra y tres), las figuras rítmicas independientes que resultan de improvisaciones (bongó), las figuras rítmicas regulares y estabilizadoras (maracas y claves), así como el bajo tonal armónico (marímbula, botija o contrabajo)[36]. Por su parte, Argeliers León ratifica que otras formas de hacer son pueden ser localizadas en varias áreas occidentales del mar Caribe, en tanto resultado de la convergencia de similares factores socioeconómicos en una misma región geográfica que mantuvo un intenso comercio de cabotaje durante la época colonial[37].

En Cuba, los textos de los sones abordan una amplia realidad social de carácter popular y de experiencias personales donde priman lo sentencioso y descriptivo; espacios discursivos y textuales donde se articulan algunas expresiones verbales africanas, imágenes poéticas del cancionero popular hispánico y nuevas palabras surgidas al calor de las transformaciones vividas en el archipiélago caribeño[38]. Su base evolutiva estuvo marcada por el respeto al principio formal simple de alternancia contrastante entre coplas de ocho compases y estribillo de hasta cuatro compases, donde lo descrito en las primeras es aseverado con la reiteración del segundo. Es común que el estribillo posea un particular valor comunicativo que puede convertirse en abstracción parcial de lo descrito en las coplas, llegar a independizarse de la propia obra generadora y ser asumido por otras canciones mediante recursos intertextuales[39].

Argeliers León señala que "[...] el son se fue convirtiendo en un himno en boca del pueblo, por su carácter sentencioso y confirmación colectiva en el estribillo coreado"[40]. Sin embargo, los sones sufrieron procesos de cambios a lo largo del siglo XX, con una mayor complejidad contrapuntística entre los

---

[35] Dirección General de Servicios Técnicos Docentes, *Combinaciones instrumentales y vocales de Cuba* (La Habana: Dirección de Producción de Medios de Enseñanza MINED, 1973), 07-19.

[36] Dirección General de Servicios Técnicos Docentes, *Combinaciones instrumentales*, 16.

[37] León, Del canto y el tiempo, 120-123.

[38] Samuel Feijóo, *El son cubano: poesía general* (La Habana: Letras Cubanas, 1986), 227-283.

[39] Zoila Gómez García y Victoria Eli Rodríguez, *Música latinoamericana y caribeña* (La Habana: Pueblo y Educación, 1995), 234-235.

[40] León, Del canto y el tiempo, 131.

ritmos y la ampliación de la estructura musical, hasta asumir la forma rondó en reiteradas ocasiones, donde surgen secciones de cierre como el montuno. De ahí que el son, en la medida en que alcanzó un mayor desarrollo genérico-musical, necesitaba de conjuntos instrumentales capaces de abordar la superposición de los planos tímbricos expuestos, con base polirrítmica y relaciones sonoras interfranjas. La parte expositiva se hizo más extensa y el conjunto instrumental varió, hasta llegar a ser interpretados por agrupaciones de formatos diferentes, que hicieron suyo el repertorio sonero como un modo particular de identidad regional[41].

Al interior de toda esa riqueza musical a la que estuvo expuesto Alejandro García Villalón *Virulo* durante sus primeros años de vida, la profesora María Teresa Linares logró identificar dos esferas discursivas: una dirigida hacia lo cubano y otra hacia la música popular de matiz universal[42]. El primero de los casos pervivió mediante las orquestas típicas, soneras y danzoneras que interpretaron conocidas melodías con arreglos y orquestaciones modernas, pero con formas tradicionales (chachachá, changüí, chiki-chaka, montuno y coyunte). Mientras que, apegados a la otra esfera discursiva, prevalecían las canciones posibles de interpretar en cualquier idioma (*feeling*, baladas y boleros) e instrumentadas para conjuntos más cercanos al *jazz band*. De igual modo, Zoila Gómez y Victoria Eli incluyen miradas a la circulación y recepción de la música de *The Beatles* en los ámbitos anglosajones e hispanohablantes durante la década del 60, como evidencia de una naciente industria musical que se consolidaría con el paso de los años[43].

En esa coyuntura histórico-musical, Linares señala al Primer Encuentro de la Canción Protesta (1967) como un parteaguas dentro de la cancionística cubana, organizado por la Casa de las Américas y en el que participaron creadores de varios países[44]. En el caso cubano, allí destacaron Pablo Milanés, Silvio Rodríguez y Noel Nicola, quienes se habían incorporado al Centro de la Canción Protesta gestado por la misma institución cultural, desde donde se fraguó el Movimiento de la Nueva Trova. Las musicólogas Gómez y Eli incluyen a dicha vertiente creativa dentro de la Nueva Canción Latinoamericana, reacción político-musical a una agudización de los conflictos sociales y regionales que acontecieron a finales de la década del cincuenta del siglo XX[45].

---

[41] Danilo Orozco, "El son: ¿ritmo, baile o reflejo de la personalidad cultural cubana?", *Santiago*, 33, marzo de 1979, s.p.

[42] María Teresa Linares, *La música y el pueblo*. 1ra reimpr. (La Habana: Pueblo y Educación, 1979), 176-178. [1ra ed. (La Habana: Ministerio de Educación, 1974)]

[43] Gómez y Eli, Música latinoamericana y caribeña, 408.

[44] Linares, La música y el pueblo, 184.

[45] Gómez y Eli, Música latinoamericana y caribeña, 408.

Desde un punto de vista estético, las especialistas establecen relaciones entre los presupuestos de la música rock afincada en el folclor (Bob Dylan, Joan Báez y Peter Seeger) y la emergente Nueva Canción Latinoamericana[46].

No es posible aseverar que todas estas expresiones musicales hayan sido escuchadas por *Virulo* durante los años sesenta del siglo XX. Aun así, él mismo ha reconocido la influencia de la Nueva Trova en su creación inicial[47]. Bajo esa tesitura, Gómez y Eli consideran que "[…] el triunfo de enero hizo claro que la canción tiene una función esencialmente comunicante y que puede ser utilizada como arma política"[48]; así como se sentaron las bases institucionales idóneas para el posterior desarrollo de las carreras profesionales de cantautores latinoamericanos. A partir de esos hechos, es que surge el Movimiento de la Nueva Trova (1973), para agrupar aquellos jóvenes creadores que compartían la idea de renovación de la cancionística cubana; entre los que se encontraba Alejandro García Villalón *Virulo*[49].

Desde el punto de vista estilístico, fueron marcadas las individualidades creativas y la diversidad de medios sonoros empleados que brindaron una heterogeneidad discursiva con particularidades subjetivas de cada uno de sus cultores. Sin embargo, al interior de la Nueva Trova prevalecieron las melodías con líneas libres, en ocasiones con trazo quebrado y con grandes desplazamientos interválicos ascendentes y descendentes; interpretadas tanto por cantautores acompañados con la guitarra sola como la incorporación de instrumentos de la música latinoamericana, tradicionales de la música cubana y electrófonos. En la armonía primó la utilización de todo tipo de acordes, incluyendo ciertos giros modales y progresiones hexáfonas o cromáticas; mientras que en los ritmos se emplearon diseños provenientes de la música tradicional y folklórica del país, a veces poco reconocibles[50].

Sin que sea el más complejo de los casos, Leonardo Acosta ratifica que la Nueva Canción Latinoamericana adquiere características propias en el contexto cubano[51]. De acuerdo con su contenido literario, Gómez y Eli señalan tres variantes fundamentales de los discursos al interior del Movimiento de la Nueva Trova: una romántica (con la que se buscaba expresar las nuevas

---

[46] Gómez y Eli, Música latinoamericana y caribeña, 408.

[47] de la Hoz, "Un humor inteligente para la inteligencia del público", *Granma*. 22 de noviembre de 2013.

[48] Gómez y Eli, Música latinoamericana y caribeña, 411.

[49] Gómez y Eli, Música latinoamericana y caribeña, 411.

[50] Gómez y Eli, Música latinoamericana y caribeña, 411-412.

[51] Leonardo Acosta, "Canciones de la Nueva Trova", En *Móviles y otras músicas* (La Habana: Unión, 2010), 136. [Publicación original: "Prólogo", En *Canciones de la Nueva Trova* (La Habana: Letras Cubanas, 1981)].

proyecciones de la vida en un contexto social diferente), una política (cuyo tono épico resaltó figuras, acciones y fechas relevantes para la historia nacional) y una humorística (con la cual se retoma la guaracha)[52]. De igual forma, las musicólogas coinciden en que "[...] también existe entre los nuevos creadores la autoconciencia de su propio quehacer, con alusiones directas al trovador, cantor o poeta y su razón de ser"[53]. Por lo que combinan el lenguaje coloquial con el metafórico para lograr textos con alta elaboración morfosintáctica y contenido poético de complejidad léxico-semántica[54].

Ambas profesoras ubican a *Virulo* como parte de los miembros fundadores de una segunda etapa del Movimiento, junto a Vicente Feliú, Augusto Blanca, Ramiro Gutiérrez y Freddy "Chispa", Laborí[55]. Al decir por Jesús Gómez:

> La Nueva Trova, que paralelamente se estableció en los 70, retomó el carácter de canto a solo con acompañamiento de guitarra por el propio intérprete; en su desarrollo posterior (años 80-90) impulsó un nuevo sentido de participación del grupo instrumental, de notoria elaboración en muchos casos, pero otorgando siempre el canto a una voz solista. Los recursos polifónicos aquí se vertebran, en todo caso entre la voz y el tejido instrumental.[56]

Según este musicólogo, la trova puede ser considerada como una expresión distintiva de la cultura cubana, que devino en diferentes tipologías genérico-estilísticas de raigambre popular. Para ello, señala que "[...] en su etapa fundacional tuvo contactos con géneros del canto operístico y la canción de concierto"[57]. En el caso particular de la Nueva Trova, se expresó a través de prácticas sonoras que combinaban variantes de la música tradicional con recursos novedosos en concepción e interpretación[58]. Es importante sumar a Eduardo Ramos, Sara González, Lázaro y Amaury Pérez dentro de los jóvenes cantautores señalados con anterioridad, quienes también acompañaron a *Virulo* en sus primeras andanzas musicales.

Según señala Radamés Giro, el I Encuentro de Jóvenes Trovadores (1972) se realizó para intercambiar diferentes puntos de vista sobre sus propios lenguajes artístico-musicales. Dicho evento, organizado por Haideé Santamaría en el Departamento de Música de la Casa de las Américas, puede ser considerado

---

[52] Gómez y Eli, *Música latinoamericana y caribeña*, 412.

[53] Gómez y Eli, *Música latinoamericana y caribeña*, 412-413.

[54] Gómez y Eli, *Música latinoamericana y caribeña*, 412.

[55] Gómez y Eli, *Música latinoamericana y caribeña*, 413.

[56] Gómez, *Música cubana*, 39-40.

[57] Gómez, *Música cubana*, 180.

[58] Gómez, *Música cubana*, 182-183.

como uno de los hechos fundacionales del Movimiento[59]. Al respecto, Acosta corrobora:

> Baste estas pocas aclaraciones acerca de algunos factores musicales insoslayables a la hora de hablar de la nueva trova, no sin antes agregar que este movimiento aborda [...] de manera creciente, aunque a su manera, viejas formas de nuestro acervo musical popular (son, guaracha, danzón, guajira, guaguancó). Finalmente, señalemos que, si bien en Cuba se siguen componiendo canciones, boleros o guarachas tal como se hacían antes, ciertamente la nueva trova ha dejado más de una huella en autores aparentemente ajenos a este movimiento. Donde más evidente se hace esta influencia es, sin duda, en los textos.[60]

Es en este último aspecto, el discurso textual, donde se encuentra una de las particularidades diferenciadora y más evidente de Alejandro García Villalón *Virulo* con respecto a otros miembros fundadores de la Nueva Trova: lo humorístico. Según precisó el dramaturgo Nicolás Dorr, "[...] el humor ha tenido presencia en el teatro cubano desde la primera obra teatral cubana: *El príncipe jardinero, o fingido Cloridano*, que fue escrita entre 1730 y el 1733 [...]"[61]; por lo que no es de extrañar que haya sido un recurso constante en el arte de la Isla. En el caso de la música, Joaquín Borges-Triana señala que lo humorístico se ha manifestado con diferentes matices, sobre todo en los discursos provenientes del ámbito popular[62]. Con respecto al humor musical y sus mecanismos para representar las necesidades colectivas, identidades locales y compartir diferentes significados en una sociedad determinada, el especialista destaca:

> De seguro, muchos pensarán de inmediato en figuras como El Guayabero, Ñico Saquito, Los Compadres, exponentes clásicos del humor en nuestra música tradicional. No obstante, habría que hablar también de lo hecho por nombres como los de María Teresa Vera o Miguel Matamoros, que también nos dejaron piezas signadas por el doble sentido en unos casos, y en otros, composiciones en las que el humor más subido de tono reinaba a plenitud, al punto de ser temas nunca registrados en sus

---

[59] Giro, *Música popular cubana*, 81.

[60] Acosta, "Canciones de la Nueva Trova", En *Móviles y otras músicas*, 141.

[61] Jorge Alberto Piñero, "Arte inteligente para una vida elegante", *Juventud Rebelde*. 11 de noviembre de 2014. http://www.juventudrebelde.cu/cultura/2014-11-11/arte-inteligente-para-una-vida-elegante (consulta: 10 de abril de 2020).

[62] Joaquín Borges-Triana, "Humor en la música cubana: del choteo a la burla pública", *El Caimán Barbudo*. 12 de noviembre de 2014. http://www.caimanbarbudo.cu/musica/2014/11/del-choteo-a-la-burla-publica/ (consulta: 11 de abril de 2020).

respectivas discográficas oficiales, pues la censura, ni la de antes ni la de ahora, habría admitido su difusión.[63]

En ese mismo orden de ideas, Dorr señala que "[...] el humorismo aborda la inmediatez, los temas político-sociales del momento. Pero el abordaje de actualidad a través de la ironía y la burla es sumamente productivo para los cambios sociales de una realidad [...]"[64]. Bajo esa tesitura, Alejandro García Villalón enfatiza que "Así ha sido siempre y creo que el humorismo ha servido para exponer temas difíciles. Y por otro lado su propio carácter anárquico [...] le da la oportunidad de hablar igual para todo el mundo"[65]. Como señala Oni Acosta, esos vínculos del humor y la música en la obra de cantautor estudiado tienen "[...] orígenes muy fértiles y sólidos [...]"[66]; sobre todo enraizados en las relaciones de contacto con el espacio germinal de la cultura y momentos históricos que le tocó vivir. A la luz de los testimonios orales, musicales y sonoros correspondientes a sus primeros años de existencia y hasta 1973, Alejandro García Villalón *Virulo* comienza a fraguar un camino creativo que se fortalecería en las dos siguientes décadas del siglo XX.

---

[63] Borges-Triana, "Humor en la música cubana", *El Caimán Barbudo.* 12 de noviembre de 2014.

[64] Piñero, "Arte inteligente para una vida elegante", *Juventud Rebelde.* 11 de noviembre de 2014.

[65] Geysell Cisneros, "Virulo, de la realidad a la comedia", *Diario Las Américas.* 12 de septiembre de 2017. https://www.diariolasamericas.com/cultura/virulo-la-realidad-la-comedia-n4131814 (consulta: 17 de febrero de 2021).

[66] Cisneros, "Virulo, de la realidad a la comedia", *Diario Las Américas.* 12 de septiembre de 2017.

Capítulo 3

Hacer reír sería la razón de mi vida: desarrollo y consolidación profesional (Cuba, 1973-1991)

Entre los años 1973 y 1991 es que puedo situar el desarrollo artístico y consolidación profesional de Alejandro García Villalón en el espacio de la cultura cubana y los pasos iniciales para su difusión en el ámbito internacional. En los años iniciales de la década del setenta del siglo XX, *Virulo* destaca como estudiante del Instituto Preuniversitario del Vedado Saúl Delgado y participante activo del creciente Movimiento Nacional de Artistas Aficionados[1]. Sobre ello comenta el cantautor:

> Yo hice mis primeras canciones en la etapa estudiantil, y hubo una, *Made in USA*, una sátira política, que gustó en los festivales de aficionados y me la pedían. Luego, influido por la Nueva Trova, compuse canciones más líricas, de metáforas complicadas. Hasta que me di cuenta [de] que lo mío no era eso, sino la canción humorística, la sátira, y desde entonces ese ha sido el centro de mi labor creativa.[2]

Es durante los años escolares cursados en la formación preuniversitaria que *Virulo* empieza a componer obras apegadas a la estética musical imperante en las canciones de la Nueva Trova. Ejemplo de ello es *Canción a Maceo*, compilada por la EGREM en el tercer volumen de la colección *La Trova Su Historia*[3]. Sin embargo, se aparta de la solemnidad predominante en los discursos musicales del naciente Movimiento, en una búsqueda por definir su propio camino creativo. Tal es el caso de *Made in USA* que formó parte de un *extended play* resultado de las participaciones de Vicente Feliú y Alejandro García en la I Jornada de la Canción Política en Cuba (1973)[4]. Así llega al humor musical como expresión particular y natural derivada de intereses personales,

---

[1] Linares, La música y el pueblo, 186.

[2] de la Hoz, "Un humor inteligente para la inteligencia del público", *Granma*. 22 de noviembre de 2013.

[3] Autores Varios, *La Trova Su Historia* [5 CDs], EGREM, CD-0905, 2008.

[4] Vicente Feliú y Alejandro García, *Ñico o el monumento al obrero desconocido / Made in USA* [EP], Areíto, EP-6462, 1973.

que lo diferenciaron del resto de los cantautores cubanos coetáneos. Al respecto *Virulo* expresa: "[...] los socios míos del Pre lo que querían oír era otra cosa también y entonces yo hice lo que quería mi generación de alguna manera [...] Querían divertirse, y fui parte de todo eso"[5].

Entre otras canciones del momento, Alejandro cita a *Superman, Aquaman* y *Manolito*, tríptico compositivo con el que comienza a delinear su propuesta estética[6]. Hasta el momento, no se ha encontrado ningún documento que permita un acercamiento a los elementos performáticos de estas tres obras musicales. Sin embargo, en una entrevista hace constar que, con casi 18 años y cursando el duodécimo grado, debuta en la Sala-Teatro Hubert de Blanck, cita en la calle Calzada No. 654 entre A y B en El Vedado, La Habana (Cuba). El cantautor explica:

> Digo que ese fue mi debut porque fue la primera vez en una sala profesional, para un público que pagaba. Claro, la mitad del auditorio era de socios del Pre, pero bueno, alguien que no nos conocía entró, supongo. [...] Canté como dos canciones, ya tenía la de *Superman.*[7]

Al considerar lo anterior, se puede aseverar que *Virulo* alcanza mayor popularidad a partir de 1973. En ese mismo año, estrenó su guaracha *Los Chevy* en un Festival de Artistas Aficionados de la Federación de Estudiantes de la Enseñanza Media (FEEM). Ello lo conduce a la realización de una grabación de estudio, así como su incorporación a un programa musical de la Televisión Universitaria como invitado recurrente. Visto como su primer disco individual, el *extended play* fue comercializado por el sello Areito de la EGREM e incluye su bolero *El Penetrado Cultural* (Cara A) y *Los Chevys* (Cara B)[8]. Una reproducción sonora de esta última obra puede ser escuchada en un video compartido por Oscar Cardozo en su canal "Música de Colección", en YouTube[9]. A partir de la exigua información documental recabada sobre este sencillo, se denota la temprana colaboración musical de Alejandro García con *Pancho* Amat[10] y el Grupo Manguaré. Estas relaciones laborales durarían varios

---

[5] Pérez, "Alejandro García Virulo", *Cubadebate.cu*. 09 de junio de 2010.

[6] Pérez, "Alejandro García Virulo", *Cubadebate.cu*. 09 de junio de 2010.

[7] Pérez, "Alejandro García Virulo", *Cubadebate.cu*. 09 de junio de 2010.

[8] Alejandro García, *El Penetrado Cultural / Los Chevy* [EP], Areito, EP-7144, 1973.

[9] *Los Chevys*. Música: Alejandro García Virulo y Grupo Manguaré, Director: Francisco Amat [video streaming] https://www.youtube.com/watch?v=DIWM3RMoFrI (consulta: 20 de abril de 2021).

[10] Francisco *Pancho* Amat (Güira de Melena, 1950): compositor, guitarrista, tresero y pedagogo cubano, fundador del Grupo Manguaré (1971-1987) y El Cabildo del Son (1995-actual); donde introdujo al tres como instrumento musical protagónico de expresiones

años y quedaron ratificadas en, al menos, otra grabación sonora comercial: *Génesis según Virulo* (1979).

A la luz de lo explicado por Harold Gramatges sobre las bases culturales de la Revolución cubana en sus primeras décadas, se puede entender a las dos primeras grabaciones sonoras de *Virulo* como parte de las estrategias institucionales que fueron implementadas para el desarrollo de la música popular en la Isla[11]. Desde las instituciones estatales que regían los derroteros de la cultura cubana en ese momento, se establecieron vínculos de trabajo que facilitaron la edición de repertorios musicales, la grabación de exponentes sonoros de la época, así como la realización de programas de radio y televisión que buscaban formar públicos críticos. De igual forma, se realizaron festivales y concursos que fomentaron la difusión de músicos emergentes y nuevos repertorios, muchas veces anclados a la tradición.

En el caso específico de la industria discográfica nacional, según José Reyes: "[…] la EGREM ostentó el protagonismo del recurso disquero cubano casi en absoluto, al propiciar la difusión de la música grabada"[12], desde los años sesenta y hasta mediados de los noventa del siglo XX. Aun cuando el musicólogo cubano señala varios aspectos negativos que afectaron la grabación, producción y circulación de la discografía cubana en mercados nacionales y extranjeros durante esas décadas, la citada empresa estatal implementó planes disqueros y estrategias de promoción para artistas y agrupaciones exitosos. Reyes determina que esta colaboró para el desarrollo de algunos géneros y estilos musicales cubanos de esos años. Ello lo remarca para finales de la década del setenta, cuando "[…] la EGREM se propuso la búsqueda y ampliación de sus proyectos discográficos-culturales […]"[13], en tanto forma idónea de mantenerse al servicio de la cultura y estrechar relaciones con otros espacios de difusión. Como exponente beneficiado de dicha coyuntura setentera, Alejandro García corrobora:

> Con la canción del *Chevy* en un festival de la FEEM creo que fue que la estrené, y ya después de eso se hizo un disco de esa canción, se empezó a popularizar y me empezaron a llamar para hacer televisión ¿Te acuerdas de Televisión Universitaria? […] Tenía un programa que se

---

sonoras cercanas a la trova y el jazz. Por sus aportes recibió el Premio Nacional de la Música (2010) de Cuba. En Giro, *Diccionario Enciclopédico*, t. 1, 52-53.

[11] Gramatges, Presencia de la Revolución en la música cubana, 46.

[12] José Reyes Fortún, "La Empresa de Grabaciones y Ediciones Musicales (EGREM). El sello Areíto. Retos y conflictos", En *Un siglo de discografía cubana* (La Habana: Ediciones Museo de la Música, 2017), 371.

[13] Reyes, "La Empresa de Grabaciones y Ediciones Musicales", En *Un siglo de discografía cubana*, 378.

llamaba "Siempre en Domingo", que lo dirigía Jorge Gómez: la gente le decía "siempre ellos mismos", porque éramos como cuatro que siempre íbamos al programa.[14]

A lo anterior se suma que, situaciones sociohistóricas específicas de Cuba por esos años, favorecieron que Alejandro García Villalón se integrara, de modo formal, al naciente Movimiento de la Nueva Trova, programa atendido por el Comité Nacional de la Unión de Jóvenes Comunistas[15]. Desde sus momentos inaugurales, *Virulo* se involucró de forma activa con la institución, por lo que ha sido identificado como uno de sus miembros fundadores. Según explica Tony Pinelli, la organización del Movimiento se produjo en los primeros meses de 1973 y propició la difusión de jóvenes cuyos quehaceres musicales poseían altos valores artísticos. Sobre la inclusión del cantautor dentro de éste, Pinelli ahonda:

> Alejandro García Villalón tendría unos 17, casi al cumplir 18 años, por allá por los finales de 1972 o principios de 1973 cuando lo conocimos, desde el primer momento le tomamos aprecio por varias razones, entre ellas, su enorme talento, amén de su carácter desenfadado y esa virtud tan especial de darse a querer.[16]

El también cantautor cubano destaca que *Virulo* asumió el humor desde la canción, convirtiéndose en "[…] un joven que era capaz de hacer una caricatura que provocaba risas, de las calamidades que a otros simplemente irritaban […]"[17]. Pinelli explica que, desde aquellos momentos fundacionales dentro del Movimiento de la Nueva Trova, Alejandro García ya se valoraba como un innovador de la línea humorística en la música popular cubana. Ello se lo atañe a

> […] una formación de calidad en su casa, y un bagaje cultural que nunca cesaría de alimentar, que le permitía acometer ese tipo de canciones, ya fueran propias o parodias, con una gran personalidad y con elementos de su tiempo, una generación que tuvo la suerte de poseer la oportunidad de acceso a la literatura y los estudios.[18]

Entonces, la combinación del acervo cultural familiar con los momentos sociohistóricos vividos en los primeros años de la Revolución cubana permitió que *Virulo* exhibiera un alto nivel intelectual desde sus primeras canciones.

---

[14] Pérez, "Alejandro García Virulo", *Cubadebate.cu*. 09 de junio de 2010.

[15] Linares, La música y el pueblo, 186.

[16] Tony Pinelli, "Mi sobrino Virulo", *Periódico Cubarte*. 27 de octubre de 2016. http:// www.cubarte.cult.cu/periodico-cubarte/mi-sobrino-virulo/ (consulta: 10 de abril de 2020).

[17] Pinelli, "Mi sobrino Virulo", *Periódico Cubarte*. 27 de octubre de 2016.

[18] Pinelli, "Mi sobrino Virulo", *Periódico Cubarte*. 27 de octubre de 2016.

Estas se caracterizaron por formas musicales y discursos textuales sencillos, donde prevaleció un lenguaje denotativo. Según ahonda Pinelli, la conjugación de dichos elementos performáticos "[...] le ganó una poca común aceptación del público y nosotros los que estábamos responsabilizados con la creación de un movimiento artístico, de inmediato lo distinguimos como una de las propuestas verdaderamente interesantes a promover"[19]. En esos años iniciales donde todos los miembros del Movimiento gustaban de presentarse en conjunto, tanto en instituciones culturales como en centros de trabajo y en todos aquellos espacios donde fueron invitados, Tony Pinelli recuerda que *Virulo* realizó:

> [...] una de sus primeras presentaciones, si no la primera, fue en el Teatro Martí en 1973, un espectáculo que llevó por nombre: *Lo Más Nuevo de la Nueva Trova*, que dirigimos de forma conjunta Vicente Feliú y yo y el elenco, lo conformaban Amaury Pérez Vidal, Jesús Sagués, Manolo Sabín y Alejandro García "Virulo".[20]

Desde su experiencia sonora y recepción histórica, Frank Padrón emparenta a Alejandro con *Ñico Saquito*, Los Compadres, El Guayabero, el trío Enserio y Pedro Luis Ferrer; estos dos últimos exponentes son contemporáneos al quehacer creativo del sujeto estudiado. Además, este crítico destaca que "[...] *Virulo* significa la parodia, el pastiche, la paráfrasis; ese tomar una canción 'seria' y convertirla en su contrario, depositar otra letra en cierta música, cambiar frases, darles otro sentido"[21]; recursos compositivos identificados como expresiones intertextuales. Para mediados de los años setenta del siglo XX, Padrón ubica al cantautor en los *Comenzamos*, ciclos de conciertos organizados por el Movimiento de la Nueva Trova en el Teatro Auditorium Amadeo Roldán de La Habana (Cuba), y también en la Cinemateca[22]. Además, señala que: "[...] creaba música original en lo que constituyeron experimentos muy logrados, al fundir nuestras raíces soneras y trovadorescas con el potencial humorístico y dramático que también nos caracteriza"[23].

Para 1976, en el mismo lapso temporal en que se realizaron los *Comenzamos* del Movimiento de la Nueva Trova, Harold Gramatges apuntó que "La música popular cubana está actualmente en pleno proceso renovador"[24]; dentro del

---

[19] Pinelli, "Mi sobrino Virulo", *Periódico Cubarte*. 27 de octubre de 2016.

[20] Pinelli, "Mi sobrino Virulo", *Periódico Cubarte*. 27 de octubre de 2016.

[21] Frank Padrón, "Alejandro García *Virulo*. La trova virulenta", En *Ella y yo. Diccionario personal de la trova* (La Habana: Editorial José Martí, 2014), 78-79

[22] Padrón, "Alejandro García *Virulo*", En *Ella y yo*, 79.

[23] Padrón, "Alejandro García *Virulo*", En *Ella y yo*, 79.

[24] Gramatges, Presencia de la Revolución en la música cubana, 126.

cual también se pueden incluir las canciones de *Virulo*. El compositor destaca que los aspectos populares en la música cubana se encontraban en constante transformación y, en casi dos décadas de Revolución, fueron empleados de disímiles formas para nuevas composiciones. Gramatges alude a que "El tratamiento dado a estos elementos puede ir desde las citas literales hasta la integración sustancial de los mismos en la elaboración de una obra"[25]. Dichos elementos intertextuales varían en dependencia de la capacidad intuitiva, formación técnica, instrucción cultural y posición ideológica de los compositores. De igual forma, el pedagogo enfatiza en los significados sociales del Movimiento Nacional de Artistas Aficionados, al cual perteneció Alejandro García Villalón. Según Gramatges, dichos cultores convierten a la música en "[...] vehículo de educación estética y política, abriendo hacia el futuro –junto a la práctica de las otras artes– la cultura del pueblo en toda su dimensión, a la vez que sirve como cantera de futuros valores para el arte profesional"[26].

En la articulación de una política cultural cimentada en el discurso *Palabras a los intelectuales* (1961) de Fidel Castro[27], Gramatges rescata la importancia del Movimiento de la Nueva Trova, al estar "[...] estrechamente vinculado a las mejores tradiciones revolucionarias y musicales de nuestra patria, y canalizada nacionalmente a través de sectores verdaderamente masivos"[28]. Sin embargo, realiza una lectura de éste en dos sentidos a veces inconexos pero posibles de abordar mediante la confluencia de determinados procesos estatalizados de mediatización, masificación y modernización[29]. En un primer momento, como una parte sustancial de un *continuum* histórico de la música popular cubana, donde prevalecieron las expresiones cantadas. Por otro lado, como ruptura discursiva que se adecuó a la realidad social que imperaba en el país, para lo cual "[...] ha debido violentar muchas formas musicales establecidas"[30]. Con esos precedentes, Harold Gramatges hace un llamado a no temer las influencias

---

[25] Gramatges, Presencia de la Revolución en la música cubana, 118.

[26] Gramatges, Presencia de la Revolución en la música cubana, 124.

[27] Fidel Castro Ruz, "Palabra a los intelectuales", En Sonia Almazán del Olmo y Pedro Torres Moré, *Panorama de la Cultura Cubana*, (La Habana: Editorial Félix Varela, 2007), 96-122. [Intervención a modo de conclusión de las reuniones de los intelectuales cubanos efectuadas en el Salón de Actos de la Biblioteca Nacional José Martí, La Habana, los días 23, 26 y 30 de junio de 1961]

[28] Gramatges, Presencia de la Revolución en la música cubana, 124-125.

[29] Leonardo Acosta, "La Nueva Trova: ¿un movimiento masivo?", En *Del tambor al sintetizador* (La Habana: Letras Cubanas, 2014), 92. [Publicación original: *Revolución y Cultura*, no. 63, noviembre (1977)]

[30] Gramatges, Presencia de la Revolución en la música cubana, 126.

foráneas en la música cubana, en detrimento de posicionamientos de la época que argumentaron sobre la pérdida de lo cubano[31].

Sin duda, la creación musical de Alejandro García Villalón *Virulo* se relaciona con los propios problemas que posee la música en los primeros años de la Revolución. Ello determina e influye, a su vez, en parte del pensamiento estético generado en la primera mitad de la década del setenta. En sus primeras canciones se identifican elementos musicales del rock con medios expresivos propios de la música tradicional cubana (guaracha, son y rumba) y textos de la canción romántica. Estas obras fueron ensayos para la consolidación de un discurso musical propio donde ha prevalecido una intertextualidad ampliada que logra desbordar lo musical. Ello es justificable mediante una importante premisa expuesta por Zoila Gómez y Victoria Eli: "[...] la nueva generación de los individuos y sus relaciones halla cabida en una generación más joven de la nueva canción latinoamericana que, naturalmente, tiene que plantearse otras realidades"[32].

En atención a lo anterior y como joven de su tiempo, Alejandro García se integra a la Brigada Artística Cubana que recorrió Angola en el año 1976, por conducto de la Operación Carlota (1975-1991). Esta misión militar de Cuba contribuyó a la independencia angolana ante el avance del apartheid sudafricano. Héctor Valdés, periodista cultural, corresponsal y organizador de dicha brigada artística, recuerda sobre *Virulo*:

> [...] sobre todo, su actitud combativa, valiente, decidida y sin vacilaciones en Angola, cuando en 1976, como integrante de la Brigada Artística Cubana, recorrió junto a sus compañeros la inmensa geografía de ese hermano país, sin temor a emboscadas y minas, y haciendo reír a angolanos y cubanos entre combate y combate.[33]

En el mismo año, *Virulo* participó en el Festival de la Nueva Trova organizado en Cienfuegos y en la Jornada de la Canción Protesta que tuvo lugar en varios municipios de Matanzas, así como en otras provincias del Centro y Occidente de Cuba. Como receptor histórico de dichos eventos organizados por el Movimiento de la Nueva Trova, Leonardo Acosta apunta: "[...] participaron más de cien hombres y mujeres, entre solistas y grupos. En la actualidad son varios cientos, incluyendo numerosos grupos, y por sus características evidencian una variedad que a primera vista puede resultar desconcertante"[34]. La paulatina visibilidad que tuvo la carrera musical de Alejandro García lo llevó a convertirse en conductor del programa televisivo *Te doy una canción* entre

---

[31] Gramatges, Presencia de la Revolución en la música cubana, 126.

[32] Gómez y Eli, Música latinoamericana y caribeña, 421-422.

[33] Arturo, "Un Alejandro llamado *Virulo*", *Palante*. 53, 12 de diciembre de 2014, 2.

[34] Acosta, "La Nueva Trova", En *Del tambor al sintetizador*, 98.

1976 y 1978[35]. *Virulo* ya no sólo aparecía en la Televisión Nacional Cubana como artista invitado, sino como presentador de un espacio habitual que buscó solucionar los problemas de difusión que tenían los nuevos trovadores[36]. Bajo esa tesitura, según refiere Acosta, para 1977 se produce una:

> [...] apertura de la EGREM hacia el Movimiento, lo que ha propiciado la grabación de discos de los principales creadores e intérpretes de la Nueva Trova. Actualmente tanto la televisión como la radio y la industria discográfica acogen con beneplácito al Movimiento, haciendo por fin justicia a la Nueva Trova, sin duda uno de los fenómenos musicales de mayor relevancia en América Latina en los últimos veinte años.[37]

Dentro de esa dinámica de cambio, que favoreció la consolidación del Movimiento de la Nueva Trova y la difusión del trabajo musical de sus cultores, Alejandro García materializó su primer disco de larga duración: *La Historia de Cuba* (1979)[38]. Esta grabación contó con el apoyo de la EGREM y con un equipo de trabajo integrado por Germán Piniella (productor), Manolo Calviño (arreglos), el Grupo Moncada y Mery Córdova[39] (acompañamientos), Eusebio Domínguez y Tony López (grabaciones), Tony González (efectos de sonido), así como Juan Padrón y Ernesto Padrón (diseño e ilustraciones). Al referirse a la concepción musical del cantautor manifiesta en este disco, Guillermo Rodríguez expresa:

> Conocemos –ustedes las conocen– algunas sátiras "virulentas", de nuestra actualidad. Ahora, con *Historia de Cuba*, *Virulo* incursiona en el pasado y consigue su ópera magna. [...] Quiero decir, sí, que estamos ante un historiador diferente, pero no menos historiador que los demás. [...] lo que importa es este disco: una lección de síntesis, de buen humor. Y de lirismo, porque junto a la sátira de la historia figura aquí la emoción de la historia.[40]

---

[35] El Informador, "Los aborígenes conquistan Europa... 500 años después", *El Informador*, 09 de marzo de 1996, 5D.

[36] Acosta, "La Nueva Trova", En *Del tambor al sintetizador*, 102.

[37] Acosta, "La Nueva Trova", En *Del tambor al sintetizador*, 102.

[38] Alejandro García, *La Historia de Cuba* [LP], Areito, LD-3741, 1979.

[39] María de los Ángeles Córdova de la Paz (Morón, 1948): musicóloga cubana graduada de la ENA y del otrora Instituto Superior de Arte, institución donde se integró como Profesora, Jefa del Colectivo de Música Cubana y del Departamento de Musicología, hasta conformar la actual Universidad de las Artes (ISA). En Alicia Valdés, *Diccionario de mujeres notables en la música cubana*, 2da. ed. (Santiago de Cuba: Editorial Oriente, 2011).

[40] Guillermo Rodríguez Rivera, [Contraportada], en Alejandro García, *La Historia de Cuba*, Areito, 1979.

El profesor santiaguero ratifica lo peculiar que resulta la propuesta de Alejandro García dentro de la Nueva Trova, al señalar algunos procesos creativos que devinieron en una actualización de la guaracha y del son como armas del humor cubano. De igual forma, Rodríguez destaca la efectividad de los arreglos y el acompañamiento, que permiten concebir un humor particular con lenguaje musical. Además, el también escritor explica que la variedad discursiva de *Virulo* se manifiesta como una unidad donde convergen muchos estilos, mediante los cuales se logra una expresión musical nueva arraigada en la tradición. Sin duda, Rodríguez no escatima en aseverar que "[...] esta visión del pasado se afirma en nuestro presente revolucionario"[41]; por lo que asume a dicha grabación como fruto de la gesta que comenzó con el asalto al Cuartel Moncada en 1953.

Bajo ese tenor, *Virulo* confirma que "Nos conservamos fieles a una mística revolucionaria. Hoy la Nueva Trova es una institución y hay músicos, como Silvio Rodríguez, que han devenido voceros oficiales"[42]. La oficialización del Movimiento se consolida de forma paulatina con un arduo proceso de difusión del quehacer musical de los nuevos trovadores cubanos. Además, las instituciones representativas de la cultura organizaron varias giras y conciertos en los principales países latinoamericanos afines a la ideología de la Revolución. En 1979, Alejandro García llega por primera vez a Venezuela por invitación de Silvio Rodríguez, quien se dedicó a promocionar a las diferentes generaciones de cultores que integraron el Movimiento de la Nueva Trova. Sobre lo que considera que fue el comienzo de su carrera musical en el ámbito público internacional, *Virulo* explica:

> Yo, muy sorprendido de hacer una gira por Venezuela y con Silvio Rodríguez. Entonces en un concierto donde estaba malanga y su puesto de vianda, de pronto *Virulo* para cerrar y nadie sabía qui[é]n era el *Virulo* aquel [...] La gente se empezó a levantar, y yo me paro y empiezo a meter mi trova. [...] Me acuerdo [de] que estaba haciendo una cosa del *Génesis*, ¡chico!, y empezó la gente a regresarse [...] y creo que es de las actuaciones más emocionantes que he tenido en mi vida, porque además era una cosa totalmente inesperada, [...] los que se quedaron, se quedaron contentos, pidieron otra, y tuve muy buena crítica [...][43]

Si bien Alejandro García puso en escena una selección del *Génesis según Virulo*, esta presentación propició su entrada a los mercados discográficos de Venezuela y México con su primer *long play*. A inicios de 1979, *La Historia de*

---

41 Rodríguez, [Contraportada], en Alejandro García, *La Historia de Cuba*, Areito, 1979.

42 Clarín, "Somos gente de sangre ligera", *Clarín.com*. 12 de mayo de 2004.

43 Pérez, "Alejandro García Virulo", *Cubadebate.cu*. 09 de junio de 2010.

Cuba se licenció en ambos países dentro de los catálogos de sellos discográficos pequeños, que lo promocionaron como exponente de la Nueva Canción Latinoamericana[44]. En el caso del espacio mexicano, la misma grabación sonora se distribuyó con otro título: *Virulo... con humor,* en función de una estrategia comercial diferente[45]. Además, incluyó un nuevo diseño de empaque realizado por Lolana García con fotografías de Alejandro Stuart, que permitió su incorporación a la Selección Canciones Comprometidas en la Colección La Nueva Trova Cubana de Discos NCL. De igual modo, en la edición mexicana se integran nuevas palabras en la contraportada, a cargo de Julio Solórzano, promotor artístico y de proyectos culturales, quien expuso:

> *Virulo* (Alejandro García) es un caso excepcional, no sólo en el marco de la Nueva Trova Cubana sino en general en el panorama de la nueva canción latinoamericana. [...] *Virulo* se maneja en el difícil campo del humor con una gran soltura y naturalidad apoyando sus canciones en algunos ritmos cubanos y escogiendo sus temas con verdadero sentido crítico.[46]

Para finales de ese mismo año, Alejandro García lanza su segundo disco de larga duración y primera grabación del *Génesis según Virulo* en Cuba[47] y Venezuela[48]; licenciado un año después en México[49]. Una vez más, en los tres países se comercializó el mismo fonograma, donde participaron Francisco *Pancho* Amat (arreglos y orquestación), el Grupo Manguaré y Orquesta EGREM (ejecución), Adolfo Pichardo (dirección), Frank Fernández[50] (producción musical), Josefa Cameles (producción general), Modesto García (diseño) y Sara González (participación especial). De igual forma, el mercado mexicano demandó de cambios en el diseño de la portada, donde se siguieron los lineamientos gráficos de la Colección La Nueva Trova Cubana de Discos NCL. Es importante destacar que, en las ediciones cubana y venezolana, el título aparece acompañado con el sintagma "ópera-son". Ello permite verificar el

---

[44] Alejandro García, *La Historia de Cuba* [LP], Integra, EG-13.007, 1979.

[45] Alejandro García, *Virulo... con humor* [LP], Discos NCL, LP-0034, 1979.

[46] Julio Solórzano, [Contraportada], en Alejandro García, *Virulo... con humor* [LP], Discos NCL, LP-0034, 1979.

[47] Alejandro García, *Génesis según Virulo* [LP], Areito, LD-3866, 1979.

[48] Alejandro García, *Génesis según Virulo* [LP], Integra, EG-13.045, 1979.

[49] Alejandro García, *Génesis según Virulo* [LP], Discos NCL, LP-0044, 1980.

[50] Frank Fernández Tamayo (Mayarí, 1944): pianista y pedagogo cubano graduado del Conservatorio Amadeo Roldán de La Habana y el Conservatorio Tchaikovsky de Moscú. Ha tocado en las principales salas de concierto den más de treinta países, así como recibido innumerables premios y condecoraciones por su maestría interpretativa al piano. En Giro, *Diccionario Enciclopédico*, t. 2, 96-99.

modo en que, desde una de sus primeras grabaciones, Alejandro García comienza a validar una noción musical intergenérica cercana a la neo-guaracha[51]. Sobre el *Génesis según Virulo*, su estreno en escenarios venezolanos y su debut como actriz, Sara González expresó:

> La *ópera-son* es una iniciativa de Virulo. Creo que *Génesis* abre una perspectiva tremenda dentro de ese género. Cuando él me habló sobre ese experimento, me pregunté si el público, acostumbrado a oírme con canciones serias, me aceptaría como actriz cómica, disfrazada sobre el escenario. En eso, se presentó el viaje a Venezuela y decidimos probarnos en un recital dividido en dos partes. En la primera interpreté una serie de composiciones habituales y, en la segunda, hicimos una síntesis de *Génesis*. Y, por suerte, fue bien recibida. Eso me demostró, una vez más, que un artista no tiene razón para encasillarse, pues me respetaron igual cantando *Su nombre es pueblo*, como haciendo el comején en la ópera-son.[52]

La cantautora cubana alude que el objetivo fundamental del *Génesis* fue crear la primera ópera-son con un tema más universal; lo cual fue ratificado por Alejandro[53]. Para ello, *Virulo* asumió algunos pasajes de la Biblia como argumentos literarios, al considerar que era el libro más leído en el mundo. La miembro de la Nueva Trova, alude a que el son siempre había asumido particularidades satíricas y de crítica social, así como incluyó a personajes populares de esencia humorística en diferentes momentos de su desarrollo técnico-estilístico. Según Sara, el *Génesis según Virulo* se alejó de la comedia musical, porque "[…] a pesar del humor como base del trabajo, buscamos un objetivo temático más afín a la ópera"[54]. En Cuba, este espectáculo se estrena en el Teatro Karl Marx en octubre de 1980; pero, Alejandro García ejemplifica su trascendencia con continuas puestas en escenas en lugares como la Catedral de Cuernavaca (México, 1981), el Salón Plenario de la Organización de Naciones Unidas en New York (Estados Unidos), en Caracas (Venezuela) y en España; en diferentes momentos de la década del ochenta del siglo XX. Ante tal circulación escénica y a treinta años de su estreno, *Virulo* expresó:

---

[51] Danilo Orozco González, "Qué e(s)tá pasando, ¡Asere!... detrás del borroso 'Qué se yo y no sé qué' en la génesis y dinámica de los géneros musicales", *Clave. Revista Cubana de Música*, año 12, no. 1, segunda época (2010), 60-89.

[52] Mayra A. Martínez, "Sara González, el canto de su tiempo", En *Cubanos en la música* (La Habana: Unión, 2015), 311-312. [Publicación original: (1980)]

[53] León, "Virulo. un idealista pragmático", *La Jiribilla*. septiembre de 2003.

[54] Martínez, "Sara González, el canto de su tiempo", En *Cubanos en la música*, 312.

[...] hay cosas de las que se hicieron que valdría la pena retomar, como *El Génesis según Virulo*, que es anterior al Conjunto. Lo hice con Sara González, Carlos Más (el Simplicio de San Nicolás del Peladero), Carlos Moctezuma, Natalia Herrera, que todavía está en la pelea; el grupo Manguaré [...] Ese fue un espectáculo con mucha trascendencia en su época, y lo presentamos en los lugares más extraños del universo [...] Me gustaría volverlo a hacer.[55]

Al referirse a estas dos grabaciones sonoras y diferenciar a dicha propuesta creativa dentro del Movimiento de la Nueva Trova como exponentes poco comunes del humor musical en estos cantautores, Leonardo Acosta explica: "Un caso aparte es el de Virulo (Alejandro García) autor de verdaderas 'antiepopeyas' como *La Historia de Cuba* y *El Génesis, según Virulo*, donde mediante el humor y la sátira se nos presenta la historia burguesa como 'antehistoria' o 'prehistoria'"[56]. Bajo ese tenor, el musicólogo confirma que *Virulo* llega a su concepción de la ópera-son con *Génesis*, caracterizado por largas dimensiones expresivas condicionadas por los intereses narrativos del cantautor. Acosta señala que Alejandro García "[...] arremete en sus sones y rumbas contra todas las rémoras del pasado, [...] es poseedor de un humorismo zumbón, ese humorismo criollo que es parte consustancial del carácter de nuestro pueblo"[57]; emparentándolo con las sátiras musicales y crónicas humorísticas de *Ñico Saquito*. Al respecto, el propio *Virulo* expresa:

El humor siempre es crítico y yo criticaba con mis canciones todo lo que pasaba en Cuba. El humor nunca está a favor de, siempre está en contra de, por definición el humor es siempre negativo y a partir de lo negativo de su visión vuelve positivas algunas cosas. La visión del humor siempre es crítica y dirá: "esto está mal, esto está mal, esto está mal", [...] y esa es la canción que yo siempre he hecho.[58]

A todo el trabajo discográfico de Alejandro García, se suman su participación en varios audiovisuales cubanos de finales de los años setenta y primera mitad de los ochenta del siglo XX. Tal es el caso de su actuación en el corto documental "El Piropo", (1978), dirigido por Luis Felipe Bernaza y producido por el Instituto Cubano de Artes e Industria Cinematográfica; donde también

---

[55] Dora Pérez Sáez, "Alejandro García Virulo: No dejarse engolosinar por la risa", *Juventud Rebelde*. 10 de mayo de 2009. http://www.juventudrebelde.cu/cultura/2009-05-10/alejandro-garcia-virulo-no-dejarse-engolosinar-por-la-risa (consulta: 10 de abril de 2020).

[56] Acosta, "Canciones de la Nueva Trova", En *Móviles y otras músicas*, 144-145.

[57] Acosta, "La Nueva Trova", En *Del tambor al sintetizador*, 99.

[58] León, "Virulo. un idealista pragmático", *La Jiribilla*. septiembre de 2003.

participaron Erdwin Fernández y Ana Viña como parte del reparto[59]. De igual forma, compone la banda sonora de dos cortos animados dirigidos por su padre, Modesto García: "El Pararrayos", (ca. 1980)[60] y "El Ferrocarril", (1981)[61]; oportunidades que posibilitan un estrechamiento de sus relaciones profesionales con el Departamento de Animación del ICAIC. En ese último año se da a conocer el documental "'La Autobiografía' Según Virulo", (1981) dirigido por Héctor Veitía, mediometraje donde el cantautor explica su trabajo humorístico dentro de la canción cubana del momento[62]. Concluye su incursión en la cinematografía nacional con la comedia "Miss Brook", (1986) del director Esteban Martín, donde actuó junto a Lily Rentería, Raúl Pomares, Héctor Trastoi e Inés María López[63].

En paralelo a su arduo quehacer artístico, Alejandro estudia Arquitectura en el otrora Instituto Superior Politécnico José Antonio Echeverría CUJAE, en La Habana (Cuba) entre 1976 y 1981. Aun cuando el cantautor indica que realizó dichos estudios como compromiso con sus padres, *Virulo* rescata tres aspectos importantes de su formación universitaria que condicionan su creación musical: estructura, organización y síntesis. Ejemplo del primero es cuando explica su disco *La Historia de Cuba* como estructura modular: "Sus canciones están organizadas de manera que se puede reorganizar su escucha quitando módulos sin que pierda unidad"[64]. Con el segundo aspecto alude al aprendizaje

[59] *El Piropo*, Producción: Oscar Asensio, Dirección: Luis Felipe Bernaza, Guion: Luis Felipe Bernaza. Fotografía: Jorge Haydú, Edición: Rosa María Carreras, Sonido: Germinal Hernández y Carlos Fernández, Reparto: Erdwin Fernández, Ana Viña y Alejandro García (Virulo), *Enciclopedia Digital del Audiovisual Cubano*, 1978, https://endac.org/encyclopedia/el-piropo/ (consulta: 27 de septiembre de 2021).

[60] *El Pararrayos*, Guion, animación, dibujo y dirección: Modesto García, Música: Alejandro García (Virulo), Canal: Animados ICAIC [video streaming] https://www.you tube.com/watch?v=Hqnv0jPzhBQ (consulta: 27 de septiembre de 2021).

[61] *El Ferrocarril*, Escenografía, animación, guion y dirección: Modesto García, Música: Alejandro García (Virulo), Canal: Animados ICAIC [video streaming] https://www.you tube.com/watch?v=aNY_A4ZwCUk (consulta: 27 de septiembre de 2021).

[62] *La autobiografía, según Virulo*, Productora: Magaly González, Dirección: Héctor Veitía, Guion: Héctor Veitía, Fotografía: Luis Marzoa, Edición: Gladys Cambre, Sonido: Jerónimo Labrada, Intérpretes: Alejandro García (Virulo), Carlos Ruíz de la Tejera, José R. Cruz, Juan Formell y Los Van Van, Grupo Mayohuacán, *Enciclopedia Digital del Audiovisual Cubano*, 1981. https://endac.org/encyclopedia/la-autobiografia-segun-virulo/ (consulta: 27 de septiembre de 2021).

[63] Juan Antonio García Borrero, "Un caracol para el cine cubano hecho para televisión", Cine cubano, La pupila insomne, 08 de noviembre de 2015, https://cinecubanolapupila insomne.wordpress.com/2015/11/08/un-caracol-para-el-cine-cubano-hecho-para-television/ (consulta: 27 de septiembre de 2021).

[64] Clarín, "Somos gente de sangre ligera", *Clarín.com*. 12 de mayo de 2004.

obtenido para la organización de espacios en función de necesidades y expectativas: "Eso hace que organices tu forma de pensar, cómo tú obtienes más resultados con menos elementos, con menos dinero, con menos esfuerzo"[65]. Ello conduce al tercer aspecto, la síntesis: "Cómo tú puedes expresar más cosas con menos palabras en menos tiempo, [...] El organizar tu pensamiento para llegar a un resultado, eso es una cosa que a mí me sirvió muchísimo de la carrera y lo sigo haciendo [...]"[66].

Sin duda, estos aspectos estructurales son expresiones de los modos en que *Virulo* concibe, conceptualiza y categoriza algunos de los elementos performáticos constatables en sus composiciones performativas. Ello ratifica, como mínimo, un doble condicionamiento creativo, de carácter inter- e intra- subjetivo del cantautor. Entonces, el creador no sólo es consciente de su propio quehacer artístico y sus características intrínsecas, sino también se pone en consonancia con circunstancias extrínsecas a su persona, condicionado por su tiempo y lugar. Dichas interrelaciones contextuales serán profundizadas en capítulos ulteriores dedicados al análisis performativo de sus grabaciones sonoras en vivo (1995-2009). Sin embargo, para ratificar lo dicho, se retoman palabras de Pinelli cuando expresa:

> [...] al mismo tiempo que avanzaba en su carrera de arquitectura iba haciendo cosas más elevadas y complejas y cuando ya empezó a pensar en un concepto de espectáculo más allá de simplemente cantar sus formidables canciones, dio un paso de avance importantísimo, no solo en Cuba, también en otros países.[67]

Cuando Alejandro García Villalón termina sus estudios universitarios, se incorpora como especialista en el Ministerio de Cultura de Cuba, para atender asuntos relacionados con la construcción, inversiones y mantenimiento de teatros, cines y otras infraestructuras culturales. Sin embargo, no dejó a un lado su propuesta creativa y, un año después, lanza su disco *El Infierno según Virulo* (1982) con el sello Areíto de la EGREM[68]. Esta grabación sonora consolidó su apuesta personal por temáticas universales, junto a sus *long play* precedentes[69]. Al cumplir los dos años de servicio social reglamentario, *Virulo* se integra al Conjunto Nacional de Espectáculos de forma oficial[70]. Años antes, esta agrupación fue fundada por los profesores Alberto Alonso y Sonia Calero para

---

[65] Pérez, "Alejandro García Virulo", *Cubadebate.cu.* 09 de junio de 2010.

[66] Pérez, "Alejandro García Virulo", *Cubadebate.cu.* 09 de junio de 2010.

[67] Pinelli, "Mi sobrino Virulo", *Periódico Cubarte.* 27 de octubre de 2016.

[68] Alejandro García, *El Infierno según Virulo* [LP], Areíto, LD-3982, 1982.

[69] León, "Virulo. un idealista pragmático", *La Jiribilla.* septiembre de 2003.

[70] Arturo, "Un Alejandro llamado *Virulo*", *Palante.* 53, 12 de diciembre de 2014, 2.

rescatar expresiones vernáculas de lo cubano[71]. Sin embargo, en muy pocos meses el cantautor se convierte en su nuevo director y le da un giro creativo a la compañía, influenciado por su experiencia precedente en el Movimiento de la Nueva Trova. Al respecto explica:

> Fíjate si influyeron esos años que cuando llegué al Conjunto Nacional de Espectáculos en 1983, lo primero que traté de hacer fue una nueva trova del humor. Reuní humoristas de las universidades, junté gente de todos lados, hacía humor en distintos lugares. La Nueva Trova es como mi cimiento, de ahí se elaboró todo el edificio, y por suerte la Nueva Trova me dio bases muy fuertes.[72]

En relación con lo anterior, el escritor Jorge A. Piñero recuerda que el Conjunto Nacional de Espectáculos, bajo la dirección de Alejandro García, produjo una renovación del humor escénico cubano y sentó pautas creativas para el desarrollo de otros proyectos de aficionados universitarios. Con el paso del tiempo, estos devinieron en grupo profesionales como *La Seña del Humor*, *Nos y otros*, *Sala-Manca*, *La Leña del Humor* y *Onondivepa*[73]. En síntesis, el también humorista describió al Conjunto como una "[…] compañía teatral que muy pronto comenzó a dar frutos insospechados en la escena y el humor contemporáneo. Algo novedoso pero que nunca negó lo más auténtico de nuestro acervo cultural devenido del bufo y el vernáculo"[74]. Bajo esa tesitura, Piñero confirma que *Virulo* pretendió crear un movimiento latinoamericano de humoristas con su núcleo en Cuba, tal como había pasado con la Nueva Trova.

Según queda documentado, la primera obra escénica dirigida por Alejandro García fue *Échale dedeté* (1983), en homenaje al aniversario 15 de *Dedeté*, suplemento semanal que fomentó la vanguardia del humor gráfico cubano dentro del diario *Juventud Rebelde*[75]. A esta puesta en escena le siguieron

---

[71] Pérez, "Alejandro García Virulo", *Cubadebate.cu*. 09 de junio de 2010.

[72] Johanna Puyol, "Hablo en serio y los demás se ríen", *La Jiribilla*. V (302). 17-23 de febrero de 2007. http://www.lajiribilla.co.cu/2007/n302_02/302_10.html (consulta: 17 de febrero de 2021).

[73] de la Hoz, "Un humor inteligente para la inteligencia del público", *Granma*. 22 de noviembre de 2013.

[74] Jorge Alberto Piñero, "Virulo, La Nueva Trova y El Humor", *Cubaescena.cult.cu*. 09 de junio de 2020. http://cubaescena.cult.cu/virulo-la-nueva-trova-humor/ (consulta: 17 de febrero de 2021).

[75] Julieta García Ríos, "Virulo. invitado de lujo en el cumpleaños del dedeté", *Juventud Rebelde*. 26 de febrero de 2011. http://www.juventudrebelde.cu/cuba/2011-02-26/virulo -invitado-de-lujo-en-el-cumpleanos-del-dedete (consulta: 10 de abril de 2020).

espectáculos como *Génesis según Virulo* (1983)[76], *La candela* (1984), *La esclava contra el árabe* (1985)[77], *¿Jaguar you, Claudio?* (1985), *El bateus de Amadeus* (1986), *Ya estamos en el aire* (1986), *Miramar 81, 32 y 132* (1987), *Échale salsita* (1988) y *Welcome Colón* (1990). Esta lista sólo representa una parcialidad de las obras que trabajó *Virulo* dentro del Conjunto Nacional de Espectáculos[78], mismas que han sido difíciles de localizar y datar. A esta misma década corresponden las continuas presentaciones de la compañía en España, México y Venezuela, así como en otras provincias del país caribeño. Estos compromisos demandaban del montaje de dos diferentes obras al año, como mínimo. Sobre ello explica el cantautor:

> Nosotros teníamos que buscar un equilibrio siempre de decir las cosas, pero que la gente también gozara y se divirtiera mucho. Incluso, como parte de la programación, siempre pensamos hacer un espectáculo universal, con otros planteamientos y hacer un espectáculo nacional de la gozadera, ya de la actualidad.[79]

Para cumplir con esta vorágine laboral, *Virulo* contó con el apoyo de un equipo integrado por guionistas, actrices, actores, bailarines, escenógrafos y demás técnicos, que hicieron posible cada uno de los aspectos creativos de las obras en el Teatro Karl Marx, sede principal del Conjunto[80]. Entre otros, destacaron Alberto Ajubel (Premio Nacional de Ilustración de España, 2003), Alberto Méndez (Premio Nacional de la Danza, 2004), Ana Lidia Jiménez (actriz cubana), Carlos Ruiz de la Tejera (Premio Nacional del Humor, 2006), Carmen Ruiz (humorista cubana), Héctor Zumbado (Premio Nacional del Humor, 2000), Jesús del Valle (trovador versátil), Jorge Guerra (actor y director teatral chileno), Jorge Rodríguez (Premio Casa de las Américas, 2017), Natalia Herrera (Premio Nacional de Televisión, 2004 y Premio Nacional del Humor, 2010), Nelson Dorr (Premio Nacional de Teatro, 2011), Olga Lidia Alfonso (vedette cubana), Rafael de la Torre (cantautor cubano-argentino), Sara González (Orden Félix Varela, 2001), Tomás Sánchez (Premio Nacional de Pintura, 1984) y Zulema Cruz (actriz cubana).

---

[76] Pinelli, "Mi sobrino Virulo", *Periódico Cubarte*. 27 de octubre de 2016.

[77] Yenys Laura Prieto Velazco, "El bueno, el malo, el norteamericano y el cubano: siempre Virulo", *Cuba Contemporánea*. 22 de septiembre de 2015. http://historico.cubainformacion.tv/index.php/cultura/64710-el-bueno-el-malo-el-norteamericano-y-el-cubano-siempre-virulo (consulta: 10 de abril de 2020).

[78] de la Hoz, "Un humor inteligente para la inteligencia del público", *Granma*. 22 de noviembre de 2013.

[79] Pérez, "Alejandro García Virulo", *Cubadebate.cu*. 09 de junio de 2010.

[80] Pinelli, "Mi sobrino Virulo", *Periódico Cubarte*. 27 de octubre de 2016.

Sobre el taller creativo en que se convirtió el Conjunto Nacional de Espectáculos, afirma Alejandro García: "[…] fue un privilegio y una suerte que yo tuve de caer ahí y […] poder llamar a todos esos personajes a trabajar con nosotros"[81]. Con el trabajo colectivo y sistemático de dichos profesionales, dicha compañía logró redimensionar la proyección artística del humor cubano como género escénico, después de la casi desaparición del Teatro Musical de La Habana. Sin duda, las claves para su éxito fueron varias y multidimensionales, pero confluyen en la masividad del público alcanzado con sus puestas en escenas, el humor inteligente como sello de cada obra, así como el carácter crítico y social de sus argumentos dramatúrgicos. Al respecto, señala el también fotoperiodista Jorge Piñero:

> La receta era compleja por la profunda elaboración y puesta en escena, pero a la vez era simple pues se basaba principalmente en parodiar la novela, película, hecho cultural que marcaba la pauta de la vida y la realidad cubana de esos tiempos. El Conjunto Nacional marcó un antes y un después en la forma de hacer humor, en todos los formatos, particularmente en la escena cubana.[82]

Al referirse a las repercusiones mediáticas de las puestas en escenas del Conjunto Nacional de Espectáculos, el propio Alejandro García señala: "En nuestros tiempos nosotros no salíamos en la televisión, la televisión estaba peleada con nosotros […] Y se logró casi sin promoción, pero era un público ávido de buen humor. Extraño esa necesidad de inteligencia y finura"[83]. De forma parcial, esto se constata con un escrutinio de *El humor en estos tiempos da cólera* (ca. 1986), único documento audiovisual que posee el Instituto Cubano de Radio y Televisión ICRT sobre el Conjunto[84]. Sin embargo, ello contrasta con una consciencia social que marcó y delineó cada una de las labores escénicas de la compañía. Al respecto explica *Virulo*:

> El trabajo de aquella época se hizo con mucho amor para el pueblo de Cuba, para tratar de reflejar en escena lo que estaba pensando, las

---

[81] Pérez, "Alejandro García Virulo", *Cubadebate.cu*. 09 de junio de 2010.

[82] Jorge Alberto Piñero, "Conjunto Nacional de Espectáculos: Un nuevo sentido al Humor Cubano", *Cubaescena.cult.cu*. 30 de junio de 2020. http://cubaescena.cult.cu/conjunto-nacional-espectaculos-nuevo-sentido-al-humor-cubano/ (consulta: 17 de febrero de 2021).

[83] Prieto, "El bueno, el malo, el norteamericano y el cubano", *Cuba Contemporánea*. 22 de septiembre de 2015.

[84] Pablo Alejandro Suárez Marrero, Alfonso Pérez Sánchez y Juan Hugo Barreiro Lastra, "Momentos sociológicos en el performance musical ´El humor en estos tiempos da cólera´ (ca. 1986) de Alejandro García Villalón Virulo", *De Raíz Diversa*, vol. 6, no. 11, enero-junio (2019), 79-103.

críticas que muchas veces el público hacía y necesitaba escuchar. Este aspecto fue muy importante porque pienso que la crítica es un ejercicio necesario para cualquier sociedad, y creo que aquello fue una influencia para los grupos que vinieron después.[85]

En paralelo a su quehacer frente al Conjunto Nacional de Espectáculos, Alejandro García Villalón relanza su *Génesis según Virulo* (1986) en Venezuela[86], lo cual da cuenta de la amplia aceptación que tuvo dicho performance en el país sudamericano. Además, edita un nuevo disco titulado *El eslabón perdido* (1988) para el sello Areíto de la EGREM[87]. Con este último, el cantautor da cierre a sus grabaciones sonoras comerciales en formato de larga duración y consolida una propuesta creativa marcada por circunstancias específicas de su contacto con el humor musical de su contexto germinal. Ello es ratificado por Joaquín Borges-Triana, quien nombra a *Virulo* dentro de su bosquejo sobre las relaciones entre música y humor en Cuba. En el apartado que corresponde a los años setenta y ochenta del siglo XX, el periodista incluye su quehacer compositivo junto a las guarachas de Pedro Luis Ferrer, las canciones irónicas de Frank Delgado, el humor caricaturista de Alfredo Carol y algunas obras musicales de Angelito Quintero. Sin duda, Borges-Triana enfatiza en el sintagma ópera-son, utilizado por Alejandro García para denominar su propio quehacer compositivo y destaca:

> [...] la tendencia a apostar por la función lúdica en la propuesta que se formula. Ello tiene lugar por medio de apelar al juego paródico, a la desacralización postmoderna y al performance como concepción general, o al menos, al manejo de elementos de un arte de carácter performático, donde el humor está vigente de uno u otro modo.[88]

Como colofón a estas casi dos décadas de desarrollo y consolidación laboral, en 1990 acontecieron dos eventos importantes para la historia de vida de Alejandro García Villalón. Primero, funda y dirige el Centro Promotor del Humor en el Cine-Teatro Acapulco (La Habana) bajo encomienda el Ministerio de Cultura[89]. A partir de su experiencia en el Conjunto Nacional de Espectáculos,

---

[85] Alain Valdés Sierra, "Alejandro García Virulo. Premio Nacional del Humor 2014", *Granma*. 17 de junio de 2014. http://www.granma.cu/cultura/2014-06-17/alejandro-garcia-virulo-premio-nacional-del-humor-2014 (consulta: 10 de abril de 2020).

[86] Alejandro García, *Génesis según Virulo* [LP], Integra, EG-40.057, 1986.

[87] Alejandro García, *El eslabón perdido* [LP], Areíto, LD-4459, 1988.

[88] Borges-Triana, "Humor en la música cubana", *El Caimán Barbudo*. 12 de noviembre de 2014.

[89] de la Hoz, "Un humor inteligente para la inteligencia del público", *Granma*. 22 de noviembre de 2013.

el cantautor supo integrar disímiles propuestas de humoristas cubanos, con fundamento en el desarrollo y profesionalización de sus quehaceres creativos. A más de dos décadas de su inauguración, el cantautor recuerda: "[…] vinieron personalidades humorísticas de México, de Argentina; y tuvimos el apoyo de invitados extranjeros que hicieron palpable su simpatía por esta idea que sí, es única en el mundo"[90]. A ello se suma que, el mismo ministerio cubano le otorgó la Orden Rubén Martínez Villena el propio año, como reconocimiento a sus aportes al humor escénicos en la Isla[91]. Bajo estas consideraciones profesionales y algunos cambios suscitados en el núcleo familiar, *Virulo* se encontraba mejor preparado para impulsar su carrera artística a nivel internacional.

---

[90] Marino Luzardo, "Virulo y Ernesto Acher: humor musical". *Suenacubano.com*. 24 de junio de 2014. https://suenacubano.com/news/61130690fba011e399203860774f33e8/virulo-y-ernesto-acher-humor-musical/ (consulta: 17 de febrero de 2021).

[91] Periódico 15, "Comedia cubana con Virulo", *Periodico15.com*. 14 de septiembre de 2016. https://www.periodico15.com/comedia-cubana-virulo/ (consulta: 17 de febrero de 2021).

Capítulo 4

Lo mío era la canción humorística: nuevos horizontes geográficos y culturales (México, 1991-2008)

Como explican los historiadores José Cantón y Arnaldo Silva, la década finisecular del siglo XX inicia en Cuba con el término de un proceso anterior de rectificación de errores (1986-1990) y el comienzo del denominado Período Especial en Tiempos de Paz (1991-1995)[1]. El primero estuvo centrado en la búsqueda de un modelo alternativo de socialismo, donde los mecanismos económicos se convirtieran en instrumentos de los sujetos y su quehacer consciente tuviera como centro al trabajo ideológico[2]; entre otros aspectos políticos que aseguraran la preservación de dicho sistema.

El segundo se asocia con la desaparición de la Unión Soviética, el proceso desintegrador del socialismo en Europa y la pérdida de los principales socios comerciales de la Isla. Estos motivos condujeron al país a una aguda crisis económica[3] y hacia una incertidumbre sobre la viabilidad del socialismo como fundamento social[4]. A casi veinte años de dicha coyuntura histórica, Alejandro García Villalón puntualiza:

> Cuando me fui [de Cuba] no había empezado el período especial; fue en 1989 o 1990, y básicamente por dos razones: una, mi esposa, mexicana. Llevamos 20 años juntos, y yo estaba -estoy- muy enamorado de ella. En aquel momento le ofrecieron estudiar en una escuela de cine en México, y eso coincidió con que me ofrecieron a mí un programa en TV Azteca.[5]

Según comenta *Virulo*, su proceso migratorio hacia México se fundamenta en una decisión personal y la existencia de ofertas laborales que le abrirían nuevas oportunidades creativas. Su esposa, Iania Velasco, obtuvo una beca

---

[1] José C. Cantón Navarro y Arnaldo Silva León, *Historia de Cuba 1959-1999*, 3ra reimpr. (La Habana: Pueblo y Educación, 2011 [2009]), 204-250.

[2] Cantón y Silva, Historia de Cuba 1959-1999, 206.

[3] Cantón y Silva, Historia de Cuba 1959-1999, 210.

[4] Cantón y Silva, Historia de Cuba 1959-1999, 212.

[5] Pérez, "Alejandro García Virulo", *Juventud Rebelde*. 10 de mayo de 2009.

para estudiar en el Centro de Capacitación Cinematográfica de los Estudios Churubusco y él comienza a trabajar en la otrora Imevisión en 1991, actual TV Azteca[6]. En esa televisora pública de alcance nacional, se integra a la barra humorística de *Picante*, conducido por María Conchita Alonso[7], y luego como protagonista del programa *Virulencia modulada*, transmitido por el Canal 13 durante casi dos años[8]. Si bien el actual carácter privado de este conglomerado mexicano de medios de comunicación limita el acceso a los documentos audiovisuales sobre el sujeto estudiado, el propio cantautor ha iniciado la subida de varios de dichos programas televisivos a su canal oficial en YouTube[9].

De igual forma, a través del canal de Pepe Pláticas en YouTube se pueden apreciar fragmentos de sus transmisiones, así como algunas opiniones de receptores históricos del mismo[10]. En este caso, el youtubero describe a *Virulencia modulada* como un programa de corte cómico y musical que parecía no tener estructura definida y donde el conductor, Alejandro García Villalón, "[...] hablaba cosas media raras, hacía entrevistas y presentaba a unos cantando"[11]. En cuanto a la música, predominaba la interpretación de las canciones de *Virulo* con marcada influencia de la Nueva Trova Cubana, mientras que el humor estaba representado con breves bromas entre canciones y algunos *sketches*. Éstos últimos podían ser actuados por el mismo artista, ya fuera con la representación de algún personaje o a sí mismo. Al decir de Pepe Pláticas, *Virulencia modulada* fue un programa dirigido a jóvenes e intelectuales que se interesaban en la crítica política y en las problemáticas sociales del momento.

Por lo que dicha propuesta televisiva constituyó "[...] una salida para escuchar músicas diferentes, ver un programa diferente a la oferta masiva de Televisa y te daba algo en qué pensar si traías un pensamiento de izquierda"[12]. Entre otros comentarios al vídeo en YouTube.com, Elizabeth Varela señala: "Muy buen programa, la música de *Virulo* hasta el día de hoy me atrapa";

---

[6] León, "Virulo. un idealista pragmático", *La Jiribilla*. septiembre de 2003.

[7] Cutberto Amed Zavala Rosales. *Virulencia Documentada* (Ciudad de México: Aula de Medios de Comunicación UACM, 2017) [video streaming] https://www.youtube.com/watch?v=_8rXB1k4jcA (consulta: 08 de septiembre de 2021).

[8] Pérez, "Alejandro García Virulo", *Cubadebate.cu*. 09 de junio de 2010.

[9] Véase el Apéndice 3. Registro de documentos videográficos sobre *Virulencia Modulada* de Alejandro García Villalón *Virulo* en Virulo (Canal Oficial – YouTube).

[10] Pepe Pláticas, *Qué era Virulencia Modulada*, Canal: Pepe Pláticas [video streaming] https://www.youtube.com/watch?v=YT6UD6z_kBY (consulta: 22 de febrero de 2021).

[11] Pepe Pláticas, Qué era Virulencia Modulada.

[12] Pepe Pláticas, Qué era Virulencia Modulada.

mientras que Jaime Pineda sentencia que "[…] era una obra creativa gigante"[13]. Sobre esta segunda incursión en la televisión mexicana, el propio cantautor explica:

> Era una oferta muy tentadora, y tenía mucha razón de ser entonces, cuando el Conjunto ya había cumplido su meta: Jorge Guerra, uno de mis puntales, quería regresar a Chile. La mayoría de las obras las escribíamos él, Héctor Zumbado y yo. Carlos Ruiz y Tatica estaban más apartados del Conjunto, haciendo su trabajo sobre los poetas, y constantemente tenían giras. Ya estaba fundado el Centro Promotor del Humor, en el cine Acapulco; había una pujante marea de humoristas, y le dejé a Osvaldo Doimeadiós la responsabilidad del Centro.[14]

Es así como Alejandro García retoma su proyecto personal de trovador en la geografía mexicana, que había quedado relegado por sus ocupaciones en el Conjunto Nacional de Espectáculos de Cuba y el Centro Promotor del Humor[15]. Sin embargo, él enfatiza que regresó al archipiélago caribeño, al menos, dos o tres veces al año, y nunca dejó de presentarse en la Isla. También reconoce que: "He hecho la mitad de mi carrera fuera de Cuba, […] y mi trabajo siempre ha estado marcado por el interés de entenderme con todo el mundo en todas partes"[16]. En ese sentido, el cantautor, además de conducir un programa televisivo en Ciudad de México, realiza constantes presentaciones en escenarios jaliscienses y participa en el IX Festival Internacional del Humor en Bogotá (Colombia), en los primeros días del mes de mayo de 1992[17].

De igual modo, en ese afán por consolidar su labor profesional fuera del país natal, *Virulo* graba y comercializa su primer *Compact disc* de estudio: *Virulencia modulada* (1992)[18]; título homónimo del programa televisivo que lo introdujo en el imaginario audiovisual del público mexicano[19]. Una vez más, la coyuntura histórica benefició al cantautor, quien incorporó a su quehacer performativo varios de los adelantos tecnológicos que se produjeron en la década del noventa y años posteriores (el disco compacto, el videoclip[20] y la

---

13 Pepe Pláticas, Qué era Virulencia Modulada.

14 Pérez, "Alejandro García Virulo", *Juventud Rebelde*. 10 de mayo de 2009.

15 Pérez, "Alejandro García Virulo", *Juventud Rebelde*. 10 de mayo de 2009.

16 Pérez, "Alejandro García Virulo", *Juventud Rebelde*. 10 de mayo de 2009.

17 El Informador, "Siete países en Festival del Humor en Colombia", *El Informador*, 01 de mayo de 1992, 12D.

13 Alejandro García, *Virulencia modulada* [CD], Discos Pueblo, CDDP-1126, 1992.

19 El Informador, "Los aborígenes conquistan Europa…", *El Informador*, 5D.

20 Véase el Apéndice 4. Catálogo de los videoclips musicales (2007-2020) de Alejandro García Villalón *Virulo*.

teletransmisión satelital)[21]. Estos importantes cambios en los mecanismos de comunicación masiva se reflejaron en nuevas formas de difundir algunas expresiones musicales. Según explica el musicólogo cubano Olavo Alén, la principal función social de la música era la primigenia (lúdica y/o de esparcimiento), pero: "Al aumentar la eficacia en la trasmisión –tanto cualitativa como cuantitativamente– se aumenta en consecuencia el consumo de la música orientado inconscientemente a estos fines"[22].

Sin lugar a duda, la producción del fonograma *Virulencia modulada* constituyó un momento fundacional para la carrera profesional de Alejandro García y su devenir en nuevos horizontes culturales. Primero, para esta entrega *Virulo* contó con la participación de Eduardo Corzo[23] (dirección musical, arreglos musicales, teclados, saxofón, clarinete, programación MIDI y coros) y Leo Pimentel[24] (colaboración con arreglos musicales, percusiones y coros). Ambos músicos cubanos provenían del Conjunto Nacional de Espectáculos, donde trabajaron bajo la dirección del cantautor y con quien colaborarán de forma recurrente en México. Segundo, en el folleto se utilizan fotografías como principales motivos artísticos de matiz irónico, marcadores culturales que se convertirán en distintivos de la iconografía musical personal de *Virulo*[25].

Además, este documento sonoro fue licenciado por el sello Discos Pueblo de Fonarte Latino y constituyó el acto inaugural de una extensa relación laboral entre ambos (casa discográfica y artista), que se puede rastrear hasta el año 2016[26]. Según consta en un fragmento de un artículo escrito por Daniel

---

[21] Olavo Alén Rodríguez, "Música, cultura y sociedad en la década del noventa", En *Pensamiento musicológico* (La Habana: Letras Cubanas, 2006), 96.

[22] Alén, "Música, cultura y sociedad", En *Pensamiento musicológico*, 97.

[23] Eduardo Corzo (La Habana, 1961): compositor, pianista y clarinetista cubano; graduado del Conservatorio Ignacio Piñero de La Habana, miembro del Conjunto Nacional de Espectáculos (1988-1990), residió en México (1990-1999) y migró a Estados Unidos (1999). María A. Cabrera Arús, "Genio y figura: Eduardo Corzo, convencional y recatado", *El Estornudo*, 26 de febrero de 2021, https://revistaelestornudo.com/eduardo-corzo-genio-figura-vestuario-entrevista/ (consulta: 01 de septiembre de 2021).

[24] Leoginaldo Pimentel (La Habana, 196-): percusionista cubano; graduado del Instituto de Superación Profesional de La Habana, trabajó para el Grupo de Experimentación Sonora del ICAIC, el Conjunto Nacional de Espectáculos (1987-1992) y reside en Santiago de Compostela (España, 1997). Nota del autor

[25] Pablo Alejandro Suárez Marrero, "Corporalidade e humor nas capas das gravações sonoras comerciais (1992-2017) de Alejandro García Villalón 'Virulo'", En Paulo Sotuyo Blanco, ed., *6° Congresso Brasileiro de Iconografia Musical - Anais* (Campinas: RIdIM - Brasil, 2021), 131-146.

[26] Véase el Apéndice 1. Inventario de las grabaciones sonoras comerciales (1979-2021) de Alejandro García Villalón *Virulo*.

Dueñas y que fue incluido como notas discográficas en este fonograma, la declaración de principios manifiesta en el trabajo de Alejandro García Villalón era: "El verdadero humor no 'distrae': concentra. No acepta: cuestiona. No gratifica: inocula el veneno de la duda"[27]. A partir de dicha sentencia, el crítico mexicano explica que *Virulo* propone discursos alternativos a una definición instituida del mundo, condicionado por presupuestos hegemónicos sobre una sociedad occidental donde no existe un único e inequívoco contexto. De ahí que el cantautor busca (re)crear su propio marco performativo germinal, donde no se pierdan los registros de su trabajo y pueda perpetuar su original ironía. Al respecto, el también dramaturgo refiere:

> *Virulo* no ha de detenerse porque no existan contextos claros y previsibles en donde sus búsquedas puedan ser apreciadas y compartidas con la plena complicidad del espectador. Sabe incluso que toda obra que vale [...] nace contra una resistencia y que ese nacimiento depende de que la obra misma cree no sólo el lenguaje a través del cual se comunicará con el espectador, sino el mundo mismo a donde habrá de transportar al público. Todos esos mundos son este mundo.[28]

Con estas ideas en órbita alrededor de su creación, Alejandro García lanza su siguiente *Compact disc* de estudio, *O.V.N.I.* (Objeto Virulento No Identificado) en 1993[29]. Poco o nada se conoce sobre este documento sonoro, pero se encontraron datos que dan cuenta de su anterior publicación en formato cassette[30]. Ello se ratifica al contrastar los códigos de barra de ambas grabaciones, el cassette (7509841-111379)[31] y el CD (7509841-211376)[32]. Las diferencias numéricas que existen entre los últimos seis dígitos de ambos indican que uno fue registrado antes que el otro, como productos comerciales de la misma discográfica. Además, las imágenes de ambas portadas confirman que se trata de la misma grabación en dos formatos diferentes y con muy poco tiempo de diferencia en su licenciamiento. Para su realización, *Virulo* (dirección, producción, voces, canciones y texto) colabora con Eduardo Corzo (arreglos, programación

---

[27] Daniel G. Dueñas, "Los motivos del muérdago (La búsqueda de Virulo)", En *Textual*, año 4, vol. IV, núm. 37, mayo de 1992, 62-68.

[28] Dueñas, "Los motivos del muérdago", En *Textual*, 62-68.

[29] Alejandro García, *O.V.N.I.* [CD], Discos Pueblo, CDDP-1137, 1993.

[30] Alejandro García, *O.V.N.I.* [CC], Discos Pueblo, DPJC-1137, 199-.

[31] Consúltese las imágenes del cassette que aparecen en Kevin Lewandowski, "Virulo – OVNI (Objeto Virulento No Identificado)", *Discogs.com*, 2021, https://www.discogs.com/es/Virulo-OVNI-Objeto-Virulento-No-Identificado/release/15870540 (consulta: 08 de septiembre de 2021).

[32] Véase el Apéndice 2. Catálogo de los discos compactos (1992-2021) de Alejandro García Villalón *Virulo*.

MIDI y teclados), Leo Pimentel (arreglos y percusiones), Manuel González (arreglos, programación MIDI y teclados), Jorge Aragón (teclados), Rolando Valdez (percusiones)[33], Alejandro Lucas (auxiliar artístico) y Tato (grabación y mezcla).

Destaca la participación de Modesto García, su padre, con el diseño de la portada; tal y como había sucedido con la primera carátula del *Génesis según Virulo* (1979). Además, en el folleto se incluye un retrato fotográfico del cantautor, realizado por su esposa, Iania Velasco. Es importante apuntar que las notas discográficas de este *Compact disc* son un fragmento inicial del propio *Génesis*[34], referencia que no aparece explicitada en el folleto. Esto puede constituir una cita intratextual que conduce a una continuidad creativa dentro de su propio quehacer artístico. En todo caso, el *Génesis Según Virulo* representaría una alusión al pasado y comienzo de una carrera profesional con proyección internacional, mientras que *O.V.N.I.* abre la posibilidad simbólica para la construcción de un futuro posible desde la noción de aquel presente noventero en México. Sin dudar, el cantautor remata en sus notas: "[...] La vida evolucionó como le dio la gana trayéndome finalmente hasta aquí... y aquí estoy, aunque probablemente el universo no se entere nunca"[35].

A pesar de dichas palabras, la labor músico-humorística de *Virulo* siguió una creciente consolidación con el uso de los medios de comunicación masiva. Cuando TV Azteca compra a Imevisión y se cancela *Virulencia Modulada* en 1993, el cantautor crea el programa *La Coladera* en el Sistema Mexiquense de Televisión[36] con la colaboración y producción general de Francisco Barrios *El Mastuerzo*[37]. El propio cantautor explica el argumento del programa: "[...] eran dos tipos que se quedaron encerrados en una coladera desde la época de los 70 y la tenían llena de *graffitis* y había un hueco y entrevistaban a todo el que se

---

[33] Rolando Valdez (Cuba, 194- – Ciudad de México, 28 de mayo de 2021): percusionista cubano que acompañó al Conjunto Nacional de Espectáculos de Cuba, José Feliciano, Pablo Milanés y Alejandro García Villalón *Virulo*, con quien trabajó y entabló una amistad durante los últimos treinta años de su carrera artística.

[34] Pablo Alejandro Suárez Marrero, "Análisis del *Génesis Según Virulo* (2001) del cantautor cubano-mexicano Alejandro García Villalón: performance, intertextualidad y humorismo", Tesis de maestría (División de Arquitectura, Arte y Diseño, Universidad de Guanajuato, 2018).

[35] Alejandro García, *O.V.N.I.* [CD], Discos Pueblo, CDDP-1137, 1993.

[36] Zavala. *Virulencia Documentada*, [video streaming] https://www.youtube.com/watch?v=_8rXB1k4jcA.

[37] Francisco Arturo Barrios Martínez *El Mastuerzo* (Tulancingo, 1955): músico, compositor, actor, productor y activista social con siete fonogramas individuales, diez álbumes con *Botellita de Jerez* (banda mexicana de rock alternativo) y contadas participaciones en otras grabaciones, telenovelas y películas nacionales.

caía"[38]. Bajo ese tenor, Alejandro García señala lo interesante de la experiencia, donde tuvo la oportunidad de entrevistar a basureros y drogadictos de Toluca, como medio de visibilizar aquellos sectores sociales desfavorecidos en dicha ciudad. Sobre la estructura y finalidad de la propuesta, *El Mastuerzo* destaca:

> […] nos sujetamos, en realidad, a hacer un programa que tuviese un pretexto para que *Virulo* cantara sus rolas, dijera sus pequeños *sketches* y yo echar unas rolitas mías. Pensáramos en voz alta, reflexionáramos… de tal suerte que nunca hubo un guion […] Era un programa que intentaba, desde el humor, rescatar ciertos aspectos de la canción, del arte de la música, del performance […].[39]

Con dichas experiencias televisivas en México, *Virulo* señala lo difícil de hacer humor para este medio comunicativo. En sus palabras, ello se debe a que "[…] no tenía idea de lo que estaba pasando […] no se creaba un *team* de apoyo para saber si lo que estaba diciendo era gracioso, si funcionaba"[40]. Por lo que ratifica al humor en vivo como su campo de acción performativa, con interacciones con el público que permiten una retroalimentación directa del chiste y la música. Según explica, esa estrecha relación de camaradería entre el artista y su público se convierte en un trabajo a ciegas cuando se trata de la televisión o el cine, donde hay que valerse de herramientas que aseguren el funcionamiento posterior del humor. Desde lo personal e intrínseco, *Virulo* afirma: "A mí me cuesta un trabajo horrible, prefiero mil veces trabajar el humor en teatro, directo, porque de la otra manera sufro mucho"[41].

En 1994, a pocos años de residir fuera de su tierra natal, Alejandro García se mantiene inquieto por lo que representa el humor en su música y ávido de experiencias laborales que lo acercaron a varias generaciones de jóvenes y adultos[42]. En relación con el primer aspecto, el artista prosigue con sus intermitentes puestas en escenas en el archipiélago caribeño al menos con *Sexo, luego existo* en el Teatro Nacional de Cuba (La Habana). Sobre el segundo aspecto, el cantautor comienza con las presentaciones de su espectáculo *Censuras* en los colegios de ciencias y humanidades adscritos a la Universidad

---

[38] León, "Virulo. un idealista pragmático", *La Jiribilla*. septiembre de 2003.

[39] Zavala. *Virulencia Documentada*, [video streaming] https://www.youtube.com/watch?v=_8rXB1k4jcA.

[40] Puyol, "Hablo en serio y los demás se ríen", *La Jiribilla*. V (302). 17-23 de febrero de 2007.

[41] Puyol, "Hablo en serio y los demás se ríen", *La Jiribilla*. V (302). 17-23 de febrero de 2007.

[42] El Informador, "La comicidad debe crecer a la par de la inteligencia humana: Virulo", *El Informador*, 16 de febrero de 1994, 10E.

Nacional Autónoma de México UNAM (Ciudad de México), así como el unipersonal *Lo mejor de Virulo* en la Peña Cuicacalli (Guadalajara).

Sobre este último performance, el creador sugiere su objetivo a la prensa local: "[…] que la gente reflexione un poco alrededor de la risa, a veces sabe más porqué llora que de lo que ríe. La risa es muy difícil de definir igual que el humor y la comicidad"[43]. De igual forma, reconoce al humor como un arma poderosa para expresar cosas difíciles de decir en serio, y al albur mexicano como una expresión maravillosa. Al respecto, *Virulo* explica: "Creo que el humor, la comicidad, deben ir creciendo con la inteligencia del hombre, con ese crecimiento natural de su raza, así [debe] ser su sentido del humor"[44].

A partir de esa fecha, la Peña Cuicacalli, centro cultural jalisciense desaparecido en 2003, se convertiría en visita obligada de Alejandro García con presentaciones habituales casi dos veces al año, durante poco más de media década. Allí puso en escena versiones unipersonales del *Génesis Según Virulo* (1995), *Welcome Colón* (1996 y 1998), *O.V.N.I.* (1996), *La soprano estreñida* (1998), *Il medio castrato* (1998), *Virulo a la carta* (1999 y 2000), así como *Sones, boleros y un antibolero* (2002). También participó en el homenaje realizado por el fallecimiento de Werny Fleiner, fundador de dicho espacio escénico. Varios de estos performances fueron presentados por el cantautor en otros escenarios nacionales e internacionales, como en Santa Cruz de Tenerife (España, 1998), la Sala Silvestre Revueltas del Conjunto Cultural Ollin Yoliztli (Ciudad de México, 1999), el Aula Magna de la Universidad Central de Venezuela (Caracas, 1999), el Auditorio Javier Barros Sierra de la Facultad de Ingeniería de la UNAM (Ciudad de México, 2001) y en la Peña El León de Mecenas (Morelia, 2001).[45]

Cinco de estas presentaciones quedaron documentadas por Discos Pueblo en las primeras grabaciones sonoras en vivo del cantautor: *Sexo, luego existo* (1995)[46], *La soprano estreñida* (1998)[47], *Il medio castrato* (1999)[48], *El Génesis según Virulo* (2001)[49] y *Corridos pendencieros* (2002)[50]. Mientras que aún no se ha podido acceder a la grabación íntegra del quinto de éstos, se conoce que este último surgió de una colaboración previa con el trovador mexicano

---

[43] El Informador, "La comicidad debe crecer", *El Informador*, 10E.

[44] El Informador, "La comicidad debe crecer", *El Informador*, 10E.

[45] Véase el Apéndice 5. Listado de performances en vivo (1973-2020) de Alejandro García Villalón *Virulo*.

[46] Alejandro García, *Sexo, luego existo* [CD], Discos Pueblo, CDDP-1151, 1995.

[47] Alejandro García, *La soprano estreñida* [CD], Discos Pueblo, CDDP-1181, 1998.

[48] Alejandro García, *Il medio castrato* [CD], Discos Pueblo, CDDP-1199, 1999.

[49] Alejandro García, *El Génesis según Virulo* [CD], Discos Pueblo, CDDP-1222, 2001.

[50] Alejandro García, *Corridos pendencieros* [CD], Discos Pueblo, CDDP-1226, 2002.

Pancho Madrigal, momento propicio para que el cantautor cubano explicara: "Es muy difícil hacer un disco de humor grabado en estudio. El humorista es sólo la media naranja, la otra media naranja es el público, y por eso el interés de grabarlo en vivo"[51].

Virulo deja en claro que el resultado obtenido al grabar un disco de humor musical en vivo es superior al de estudio, pues la reacción del público ante el chiste constituye una importante variable a considerar durante el proceso de documentación. Sobre dicha experiencia en conjunto, Madrigal expresó: "*Virulo* es un personaje al que yo admiro y respeto mucho [...] Él maneja el humor con inteligencia, en contextos muy bien redondeados y logra hacer reír y disfrutar al público como principal objetivo"[52]. Dichas ideas fueron ratificadas con el otorgamiento de la Distinción por la Cultura Nacional del Ministerio de Cultura (Cuba, 1998) y las Palmas de Oro del Círculo Nacional de Periodistas A.C. (México, 2002) a Alejandro García Villalón, por sus aportes escénicos al humor musical. Este último galardón mexicano lo recibió compartido con Facundo Cabral[53], pero lo recibiría una vez más en el 2007, en esa ocasión fue dedicado a su trayectoria artística y aportes a la Nueva Trova[54].

Según sus propias palabras, el último gran trabajo de *Virulo* para la televisión fue el documental *Séptimo sentido* (1998), producción del otrora HBO Latino con sede en Caracas (Venezuela)[55]. Este material audiovisual se estructuró en siete capítulos resultantes de entrevistas a cultores del humor en sus disímiles formas de expresión. Entre otros artistas, acudieron *Les Luthiers*, Fontanarosa y Quino[56]; lo cual devino en un entramado y consolidación de relaciones profesionales entre el cantautor y sus similares en el resto del continente. Alejandro García participó en cinco momentos durante la serie documental, donde expresó su sentir sobre el humor en la región. Además, señala a esta expresión como una vocación y visión con que nacen algunas personas, por lo que en el primer capítulo destaca:

---

[51] Yolanda Zamora, "Virulo y Pancho Madrigal en Morelia", *El Informador*, 06 de septiembre de 2001, 4D.

[52] Zamora, "Virulo y Pancho Madrigal en Morelia", *El Informador*, 4D.

[53] Rodolfo Enrique Cabral Camiñas (Buenos Aires, 1937 – Ciudad de Guatemala, 2011): cantautor y activista político argentino, que utilizó la crítica social, la sátira y el anarquismo como vehículos discursivos en sus canciones, poesías y escritos.

[54] Jorge Alberto Piñero, "Trabajar. siempre trabajar", *Dedeté.cu*. 05 de octubre de 2017. http://dedete.cu/noticias-y-chismes/2017-10-05/trabajar-siempre-trabajar/ (consulta: 10 de abril de 2020).

[55] Pérez, "Alejandro García Virulo", *Cubadebate.cu*. 09 de junio de 2010.

[56] León, "Virulo. un idealista pragmático", *La Jiribilla*. septiembre de 2003.

El humorista, se ha dicho mucho que siempre sobrevuela todas las situaciones y anda revoloteando por arriba y mirando el ángulo diferente para hablar de las cosas. El humorista sintetiza la realidad que ve y, muchas veces, con un chiste, con una frase, resume todo un punto de vista sobre algo.[57]

Con las palabras anteriores como sustrato ideológico y con el lanzamiento de *Corridos pendencieros* (2002), es que Alejandro García crea, organiza y lanza su propia disquera, *Aurika Records*[58]. Aun cuando los fonogramas fueron distribuidos por Fonarte Latino (México), Pentagrama (Argentina) y la EGREM (Cuba)[59], *Virulo* apuesta por mantener su libertad creativa y empresarial sin establecer compromisos con grandes productoras. Eso sí, se muestra consciente de las vicisitudes del mercado discográfico a comienzos del siglo XXI cuando denota: "Los volúmenes de discos que venden los humoristas siempre se venden más en los conciertos que así normalmente como vende un salsero o como vende un baladista; pero se consiguen de varias formas y hasta por internet [...]"[60]. Según el cantautor, *Aurika Records* se convierte en el medio idóneo para:

[...] comenzar a grabar a otras gentes, cosas de humor que me interesen; porque como es una empresa que yo hice básicamente para hacer mis discos, eso es lo que sostiene la empresa, entonces si hay una ganancia vamos a invertirla en producirle discos a gentes que me interesen.[61]

Esta inclinación del cantautor por la producción discográfica nace con la necesidad personal de documentar, apoyar y promover a otros cultores de la música y el humor en Latinoamérica. Según explica *Virulo*: "El humor musical es raro en el mundo [...] No es un género que se cultive y, sobre todo, humor musical con una característica de hacer un humor intelectual, un humor fino [...]"[62]. Ello se puede enmarcar dentro de una toma de conciencia sobre su propia creación performativa y devenir autoral que busca mantener la autenticidad como el medio idóneo para comunicarse con otras personas, sin considerar su nacionalidad y origen. El cantautor confirma que en su obra refleja lo que él quisiera que pasara en la sociedad, lo que desea cambiar y

---

[57] *Séptimo Sentido 1: "El sentido de una vida",* (28 de octubre de 1998), Dirección: Sylvia Briceño, Editor: Francisco García, Producción General: HBO Olé [video streaming] https://vimeo.com/166969629 (consulta: 26 de julio de 2021).

[58] León, "Virulo. un idealista pragmático", *La Jiribilla.* septiembre de 2003.

[59] León, "Virulo. un idealista pragmático", *La Jiribilla.* septiembre de 2003.

[60] León, "Virulo. un idealista pragmático", *La Jiribilla.* septiembre de 2003.

[61] León, "Virulo. un idealista pragmático", *La Jiribilla.* septiembre de 2003.

[62] León, "Virulo. un idealista pragmático", *La Jiribilla.* septiembre de 2003.

transformar. En ese orden de ideas y con atención irónica a las contradicciones del humor, Alejandro García se define como un idealista pragmático, para lo cual explica:

> […] soy muy idealista, muy romántico, pero por otro lado tengo los pies muy bien puertos sobre la tierra […] y mi obra tiene muchísimo que ver con eso; siempre tiene como unos papalotazos ahí, de repente unos aletazos de idealismo, pero después vuelve a poner los pies en la tierra.[63]

Bajo ese tenor, la prensa periódica de esos años permite un acercamiento a la circulación y recepción de varios de los performances referidos con anterioridad. Sobre *Welcome Colón*, Alejandro García explica para *El Informador*: "[…] no es precisamente una historia, sino el resultado de una historia que, como un círculo, a estas alturas, vuelve y vuelve a girar sobre sí misma, mientras nosotros, los protagonistas, seguimos dando vueltas"[64]. A partir de ello, *Virulo* apunta su crítica hacia disímiles expresiones culturales del malinchismo, con certeza de poder romper dicho círculo vicioso y cambiar de actitudes en América Latina[65].

Con alternancia entre su orientación latinoamericanista y un enfoque personológico, el cantautor se presenta en el VI Festival Cultural de Mayo en la Plaza de la Hermandad (Puerto Vallarta, 2003) y en la Sala Avellaneda del Teatro Nacional de Cuba (La Habana, 2003). Este último espectáculo se tituló *Canciones del corazón y el resto de mis tripas*, y constituyó una compilación de canciones propias con temática amorosas, cercanas a su etapa primigenia en la Nueva Trova Cubana[66].

Por convicción, *Virulo* se mantiene sin dar concesiones artísticas[67] y lejos de la pantalla chica en los albores del siglo XXI[68], pero continúa con sus presentaciones en vivo y la comercialización de grabaciones sonoras. En el 2003, Alejandro García lanza su siguiente *Compact disc* de estudio: *Furioso cantar de gestos*[69]. Según consta en el folleto de este fonograma, el cantautor lo

---

[63] León, "Virulo. un idealista pragmático", *La Jiribilla*. septiembre de 2003.

[64] El Informador, "Los aborígenes conquistan Europa...", *El Informador*, 5D.

[65] El Informador, "Los aborígenes conquistan Europa...", *El Informador*, 5D.

[66] León, "Virulo. un idealista pragmático", *La Jiribilla*. septiembre de 2003.

[67] Redacción Vanguardia Liberal, "Virulo. el mejor humorista de Cuba", *Vanguardia*. 08 de junio de 2013.

[68] Franco Daniel Gómez, "Virulo regresa a Guadalajara", *El Informador*. 12 de enero de 2005, 13C.

[69] Alejandro García, *Furioso cantar de gestos* [CD], Discos Pueblo, CDDP-1239, 2003.

dedica a su amigo Alfredo Carol[70]. Al respecto comenta: "Tuve la suerte de conocerlo muy joven, de que fuera mi amigo. Iba a mi casa, me cantaba sus canciones. Estuve muy cerca de él y de toda su carrera y lamenté muchísimo su pérdida"[71]. Como una forma de rescatar la memoria musical de éste, *Virulo* grabó dos de sus canciones: *Con la navaja en la mano* y *Ahora tengo un amol*, que dan cuenta de la riqueza léxica y cultural del cubano.

Es importante destacar que esta grabación discográfica contó con un pequeño equipo de producción y fue grabada en los estudios de *Aurika Records* en diciembre de 2002. En ésta participaron Alejandro García (arreglos musicales, programaciones MIDI, guitarras, mezcla y diseño), Iania Velasco (grabación, masterización, mezcla, diseño y asesoría creativa), Rolando Valdés (percusiones) y Manuel González (arreglos musicales y programaciones MIDI en un solo tema). Pocos años después, en proyecto similar de homenaje a Alfredo sería realizado por Silvio Rodríguez y Pancho Amat, donde invitaron a Alejandro García a grabar las canciones de Carol[72].

Un año después *Virulo* lanza *Chile habanero* (2004)[73], uno de sus *Compact disc* de estudio que se ha convertido en referente de su obra músico-humorística en esta etapa creativa. Con un equipo de trabajo un poco más nutrido, Alejandro García (guitarras, voces, arreglos y programación MIDI) colabora con Felipe Acevedo (tres), Martín Ecoyé (trompetas), Rolando Valdés (percusiones), Iania Velasco (grabación, producción y diseño), Alberto Morales (caricatura) y Rubén Iglesias (bandera cubana). El propio creador consta en las notas discográficas: "[…] como las guarachas suelen ser historias humorísticas contadas con sabor y gracia, me dediqué a narrar anécdotas de cosas que me han pasado a mí o a mis amigos"[74].

Para *Virulo* este disco se convierte en un documento de recuerdos sonoros y resultado de su disfrute al escribir las canciones que contiene, así como de saberse deudor simbólico del quehacer creativo de *El Guayabero* y Héctor Zumbado. Como colofón del fonograma, se incluye una grabación de la canción *María Cristina* a dúo con su autor *Ñico Saquito*, documentada en los Estudios Siboney de la EGREM en Santiago de Cuba, durante los festejos por los 82 años de este último cantautor cubano. Con esta grabación comercial se puede

---

[70] Alfredo Carol (La Habana, 195- - Escambray, 197-): humorista, trovador y piloto cubano fallecido con tan solo 22 años a causa de un accidente aéreo en el Escambray.

[71] Puyol, "Hablo en serio y los demás se ríen", *La Jiribilla*. V (302). 17-23 de febrero de 2007.

[72] Puyol, "Hablo en serio y los demás se ríen", *La Jiribilla*. V (302). 17-23 de febrero de 2007.

[73] Alejandro García, *Chile habanero* [CD], Discos Pueblo, CDDP-1270, 2004.

[74] García, *Chile habanero* [CD], en folleto.

corroborar la forma en que se representa el cantautor estudiado así mismo, en tanto continuador de una tradición musical anclada en la guaracha y el son cubano como géneros propicios para su creación.

Según las notas de prensa que han sido sistematizadas, Alejandro García Villalón se presentó en múltiples escenarios de Argentina, Colombia, Cuba, España, México y Venezuela entre los años 2004 y 2008[75]. Destaca el unipersonal *El bueno, el malo y el cubano* (2004) en el Café-Concierto "La Planta de Luz", (Ciudad de México), el Auditorio Sotero Prieto de la Facultad de Ingeniería de la UNAM (Ciudad de México) y el Teatro Jaime Bodet (Guadalajara); performance que devino en una posterior grabación homónima para la EGREM[76]. Además, señala el espectáculo *Un mundo nos vigila, otro nos entretiene y un marciano* (2005) presentado en La Cueva (Guadalajara), ensayo creativo de un posterior *Compact disc* de estudio, *El mundo está nuevecito* (2007)[77].

Sobre el argumento del performance y su finalidad, el cantautor explica que preexistían desde hace 15 años en sus libretas de apuntes, lo cual devendrían en un disco-libro[78]. El propio *Virulo* reconoce que: "Es un viento fresco en lo que hago normalmente porque rompe con la estructura de los espectáculos [...] que son más bien anecdóticos y donde una cosa va enlazada con la otra. Aquí cada cuento tiene un principio y un final"[79]. A poco más de treinta años de carrera artística, el cantautor sentenciaba: "Lo que he hecho en mi vida es trabajar, tratar de no repetirme, ser honesto con mi imaginación"[80]. Por lo que es lógico que explore nuevos caminos creativos para hablar de su visión del mundo, sin detrimento de su particular forma de expresión.

Con respecto a la grabación de estudio resultante, el cantautor dedica *El mundo está nuevecito* (2007) a su esposa Iania Velasco y sus tres hijos: Rocío, Sebastián y Emiliano, según aparece en el folleto que lo acompaña. Además, consta que todas las canciones y cuentos son de autoría de Alejandro García (voz, letra, música, guitarra y dirección artística), con excepción de *Un mundo nos vigila...* escrito junto a Jorge Guerra, actor y dramaturgo con quien trabajó en el Conjunto Nacional de Espectáculos de Cuba. Para su producción, *Virulo* contó con Freddy Pérez (arreglos musicales, guitarras, bajo, segunda voz, coros, grabación y mezcla), Reinaldo Pérez (flauta), Martín Ecoyé (metales), Rolando

---

[75] Véase el Apéndice 5. Listado de performances en vivo (1973-2020) de Alejandro García Villalón *Virulo*.

[76] Alejandro García, *El bueno, el malo y el cubano* [CD], EGREM, CD-1295, 2014.

[77] Alejandro García, *El mundo está nuevecito* [CD], Discos Pueblo, CDDP-1348, 2007.

[78] Franco Daniel Gómez, "Virulo. Historias fueras de la realidad", *El Informador*. 18 de junio de 2005, 13C.

[79] Gómez, "Virulo. Historias fueras de la realidad", *El Informador*. 18 de junio de 2005, 13C.

[80] Gómez, "Virulo regresa a Guadalajara", *El Informador*. 12 de enero de 2005.

Valdés (percusiones), Francisco Buendía (violín y viola), Elena Ortega (chelo), Serafín Núñez (contrabajo) e Iania Velasco (fotos y diseño de portada).

Grabado en *Aurika Records* y licenciado por Discos Pueblo, en este *Compact disc* se alternan canciones reflexivas con cuentos infantiles no humorísticos[81]. A partir de vivenciar una vez más la paternidad con el nacimiento de Sebastián, su hijo más pequeño, Alejandro García busca representar la capacidad de novedad que tienen los niños. Además, destaca que es la primera vez que aparece *El colibrí* en su discografía, canción que se convertiría en tema de cierre en la mayoría de sus performances posteriores[82]. Entonces, esta grabación constituye una peculiaridad dentro de la labor creativa del cantautor, donde acude a su niñez como referencia de la venidera generación encarnada en sus hijos y una toma de consciencia sobre la transformación social desde la experiencia individual y/o colectiva. Según explica:

> [...] esa capacidad de los niños de verlo todo nuevo, que es una capacidad que desgraciadamente los adultos vamos perdiendo con el tiempo. [...] qué bonito sería volver a ver el mundo, pero con los ojos de mi hijito, que se asombra ante todas las cosas sencillas de la vida.[83]

Bajo ese tenor, para *Virulo* ha sido importante mantenerse cerca de Cuba y su cultura, sentimiento que ha crecido con la edad. Al respecto comentó: "Ahora con los años siento más necesidad de estar cerca, nunca he estado lejos, pero sí siento más deseo de no pasar tanto tiempo fuera de Cuba, sin perder todo el trabajo que he hecho en el exterior"[84]. De ello son evidencia la realización de paulatinas giras nacionales en los años 2005 y 2006. La primera abarcó las provincias de Santiago de Cuba, Camagüey y Matanzas; mientras que la segunda a las ciudades de Cárdenas, Pinar del Río, Cienfuegos y La Habana[85]. Estas presentaciones fueron coordinadas por el Consejo Nacional de Artes Escénicas y el Centro Promotor de Humor, ambas instituciones del Ministerio de Cultura, desde donde se fraguaron relaciones indisolubles del cantautor con la Isla. Alejandro García comenta al respecto: "Nunca he perdido ese vínculo con Cuba [...] Mi disposición siempre ha estado presente, mi deseo de estar aquí"[86].

---

[81] Pérez, "Alejandro García Virulo", *Cubadebate.cu*. 09 de junio de 2010.

[82] Pérez, "Alejandro García Virulo", *Cubadebate.cu*. 09 de junio de 2010.

[83] Pérez, "Alejandro García Virulo", *Cubadebate.cu*. 09 de junio de 2010.

[84] Puyol, "Hablo en serio y los demás se ríen", *La Jiribilla*. V (302). 17-23 de febrero de 2007.

[85] Puyol, "Hablo en serio y los demás se ríen", *La Jiribilla*. V (302). 17-23 de febrero de 2007.

[86] Puyol, "Hablo en serio y los demás se ríen", *La Jiribilla*. V (302). 17-23 de febrero de 2007.

A la par, el cantautor continúa con proyectos personales y colectivos fuera del archipiélago caribeño. Dentro de los primeros se pueden enmarcar sus presentaciones con *Lo mejor de Virulo* en el Auditorio Alfredo Kraus y la Universidad de las Palmas de Gran Canaria (España, 2005, 2006 y 2008), lo cual contribuyó a que la Cátedra del Humor de esa casa de altos estudios le otorgara el título honorífico de Doctor *Humoris Causa* (2006)[87]. También destacan sus performances *Comes y te vas* (2007 y 2008) y *El último que ríe es el que piensa más lento* (2007), ambos en el Auditorio Sotero Prieto de la Facultad de Ingeniería de la UNAM. De estas presentaciones derivaron grabaciones homónimas en vivo que fueron comercializadas por Fonarte Latino[88].

De igual forma, Alejandro García organizó el encuentro de humor musical *Tres países, cuatro humoristas*, con frecuencia anual entre 2005 y 2007. Como un medio para la difusión del humor en la música latinoamericana más que como un festival en sí mismo, el cantautor cubano invitó a amigos y artistas con los que realizó más de diez presentaciones en disímiles lugares de la Ciudad de México, Caracas, Canarias y La Habana. El propio *Virulo* destaca la participación de "[...] Ernesto Acher, ex miembro del grupo Les Luthiers; a Laureano Márquez, humorista nacido en Canarias y que radica en Venezuela, y a Emilio Lovera que es el humorista más importante de Venezuela"[89].

A esta gestión colectiva se suma la participación del cantautor en la celebración por los treinta años de carrera artística de Cecilia Todd en el Teatro Teresa Carreño (Caracas, 2006)[90] y su intervención en el I Festival Internacional de Humor "La Risa Caribe", en el Teatro José Consuegra de la Universidad Simón Bolívar (Barranquilla, 2008)[91]. A raíz de la gestión de dichos espacios escénicos de colaboración musical, Ernesto Acher comenta sobre el quehacer autoral de *Virulo*: "Lo considero un gran artista que aún tienen mucho por hacer"[92].

En entrevista dada para la revista de cultura cubana *La Jiribilla* en el 2007, Alejandro García cuestiona si debiera cambiar su forma de abordar el humor después de 34 años de vida artística. De forma directa confirma que no, puesto que "[...] lo importante es no perder la esencia. Es decir, hago lo mismo en todas partes. Lo que he tratado de ir a lo fundamental, no quedarme en lo más

---

[87] Puyol, "Hablo en serio y los demás se ríen", *La Jiribilla*. V (302). 17-23 de febrero de 2007.

[88] Alejandro García, *Comes y te vas* [CD], Discos Pueblo, CDDP-1400, 2008 | Alejandro García, *El último que ríe es el que piensa más lento* [CD], Discos Pueblo. CDDP-1401, 2009.

[89] Puyol, "Hablo en serio y los demás se ríen", *La Jiribilla*. V (302). 17-23 de febrero de 2007.

[90] Valdés, "El humor cubano es especial", *Granma*. 27 de junio de 2014.

[91] Bolívar, "Virulo: 'El humor es la distancia que hay [...]'", *Tele Sur*. 31 de julio de 2008.

[92] Valdés, "El humor cubano es especial", *Granma*. 27 de junio de 2014.

superficial [...]"[93]. De igual forma, explica que ha utilizado dos recursos importantes del lenguaje textual para que sus chistes y canciones humorísticas sean entendidas en todas partes. Primero, brinda un contexto previo que clarifica los argumentos y vocablos extraños a la audiencia. Segundo, se puede saltar el primero e ir directo a aspectos comunes de cualquier geografía: las cuestiones humanas[94]. Como colofón a estos años creativos de Alejandro García Villalón, el cantautor cubano Tony Pinelli asegura:

> Su etapa en México, donde triunfó rotundamente y se casó con una mujer hermosa por dentro y por fuera, [...] lo mantiene vigente [...] lo han convertido en una leyenda y referencia obligada a la altura de los más grandes en su oficio.[95]

Las palabras de Pinelli ratifican la recepción de la obra artística de *Virulo* en nuevos horizontes geográficos y culturales, con centro operativo en México (1991-2008). Sin duda, este período estuvo lleno de retos creativos y profesionales que consolidaron al cantautor como uno de los cultores y referentes del humor en la música latinoamericana. Además, en dichos años produjo gran cantidad de grabaciones sonoras en vivo y de estudio, así como gestionó algunos proyectos personales que lo condujeron a repensar la trascendencia de su propio quehacer autoral. Con 53 años cumplidos y 35 lustros de trabajo ininterrumpido, Alejandro García Villalón propicia un acercamiento sistemático a su país natal, a partir del 2008.

Sobre las particularidades que lo condujeron a un regreso paulatino de su residencia al archipiélago caribeño, el cantautor afirma: "Sí, de hecho, me acabo de mudar nuevamente para allá [La Habana], aunque siga estando por temporadas en México"[96]. Ello lo sustenta en una decisión personal y deseo familiar de que sus hijos (Sebastián y Emiliano) crezcan en Cuba[97]. Sin embargo, regresa a México de forma continua, donde tiene un público cautivo[98] y junto con su esposa, Iania Velasco, deciden que "[...] vamos a estar temporadas allá y temporadas aquí, pero básicamente estamos viviendo aquí, en Cuba"[99]. Al

---

93 Puyol, "Hablo en serio y los demás se ríen", *La Jiribilla.* V (302). 17-23 de febrero de 2007.

94 Puyol, "Hablo en serio y los demás se ríen", *La Jiribilla.* V (302). 17-23 de febrero de 2007.

95 Pinelli, "Mi sobrino Virulo", *Periódico Cubarte.* 27 de octubre de 2016.

96 Bolívar, "Virulo:'El humor es la distancia que hay [...]", *Tele Sur.* 31 de julio de 2008.

97 Pérez, "Alejandro García Virulo", *Juventud Rebelde.* 10 de mayo de 2009.

98 Elizabeth López Corzo, "Cuba sí. yanquis ¿qué? Humor made in Virulo", *Cubasi.cu.* 05 de agosto de 2015. http://cubasi.cu/es/cubasi-noticias-cuba-mundo-ultima-hora/item/41979-cuba-si-yanquis-%C2%BFque%3F-humor-made-in-virulo-%2B-fotos-y-video (consulta: 10 de abril de 2020).

99 Pérez, "Alejandro García Virulo", *Cubadebate.cu.* 09 de junio de 2010.

asumir a La Habana como un recurrente espacio creativo[100], *Virulo* necesita tomar el pulso de la realidad cubana para un nuevo período de vida, así como sentir la intensidad del arte en la Isla. Sin duda, la siguiente etapa en su biografía sonora (2008-actualidad) vendría con nuevas oportunidades y retos que solventar[101]. Lo constatado a lo largo de este capítulo puede ser sintetizado con palabras del propio creador: "El humor ha sido una forma de vida que me ha ayudado a sobrellevar aquello que no entiendo, a aceptar y comprender lo que no puedo cambiar"[102].

---

[100] de la Hoz, "Un humor inteligente para la inteligencia del público", *Granma*. 22 de noviembre de 2013.

[101] Véase el Apéndice 5. Listado de performances en vivo (1972-2020) de Alejandro García Villalón *Virulo*; y el Apéndice 6. Reconocimientos otorgados a Alejandro García Villalón *Virulo* por su labor profesional (1990-2022).

[102] Geysell Cisneros, "Virulo, de la realidad a la comedia", *Diario Las Américas*. 12 de septiembre de 2017. https://www.diariolasamericas.com/cultura/virulo-la-realidad-la-comedia-n4131814 (consulta: 15 de diciembre de 2022).

Capítulo 5
Bonus track (2022),
una síntesis virulista[1]

Su primera guitarra y "La escuela al campo"

Yo empecé en la música […] primero con una guitarra que me regaló mi abuelo. Mi abuelo, español que vivía en Matanzas, me regaló una guitarra, y […] no me interesaba mucho, la miraba al revés y la tocaba como si fuera una tumbadora. Y eso es lo que hacía con la guitarra, echar relajo con mi hermana y con mis amigos. Después me voy a una cosa en Cuba que se llamaba "La escuela al campo", que era que los niños de la ciudad íbamos a hacer labores agrícolas al campo. Y nos pasábamos cuarenta y cinco días en un campamento, cultivando cosas. Yo creo que era una cosa tremenda, se echaba más relajo de lo que realmente se producía allí. Y entonces me acuerdo de que en la noche siempre hacía una fogata y alguno sacaba una guitarra y cantaba. Y a mí aquello como que me embelesó, porque era muy bonito, era la fogata, el campamento, la noche estrellada. […] estar lejos de la casa con esas sensaciones y entonces escuchar a la gente cantando, eso me gustó mucho. Y cuando llego de regreso de "La escuela al campo", trato de salvar mi guitarra. […] tenía tres cuerdas ya para esa altura y empecé a aprender a tocarla. Después ya conseguí el resto de las cuerdas y se armó la guitarra. […] era como el segundo o tercer año de la secundaria y entonces hacemos un grupo de rock que se llamaba *Los Sioux*.

Historia de *Los Sioux*

Los Sioux porque había que ponerle de alguna manera y siempre las canciones tenían que ser en inglés, era una cosa muy importante. Las canciones en español para el rock como que no pegaban. Entonces yo escribía las canciones, pero no sabía inglés y además era malísimo para el idioma. […] con un diccionario hacía las letras en español y las traducía al inglés, pero las traducía literalmente por el vocabulario. […] lo que yo decía eran unos disparates tremendos, y esas eran las canciones de *Los Sioux*. Había otra cosa, que no había instrumentos. Conseguimos a un muchachito en la secundaria que era dueño de una batería, eso le daba un estatus tremendo y lo pusimos de

---

[1] Segmentos de la entrevista realizada por Miguel Sabah a Alejandro García Villalón *Virulo* en el Teatro-Bar El Vicio (Ciudad de México, enero de 2022).

baterista, pero era muy mal instrumentista. Teníamos otro que era el que lo sustituía y que era bueno para los ritmos rápidos, pero otro más que era bueno para los ritmos lentos. Al final teníamos como cuatro bateristas.

Inicios en la Nueva Trova

Y entonces en la secundaria estábamos con *Los Sioux*, hasta un día que ya se fueron gente del grupo. En *Los Sioux* había dos personajes que después estuvieron presentes en mi vida. Uno era Salvador Blanco, que fue un gran animador de la Televisión Cubana, que después se fue a Miami; y Rubén Galindo, que fue el amigo que me llevó a conocer a la Nueva Trova. El papá de Rubén Galindo, Antonio Galindo, era un gran fotógrafo cubano y era muy amigo de Silvio. Y entonces él, Rubén, era el que me decía: "Hay una cosa que se llama la Nueva Trova…", y yo no sabía qué era. Había un programa que se llamaba *Trovadores del momento* que pasaban en la radio y por ahí escuchamos algunas cosas. […] un día me dijo: "Vamos que Silvio va a ir a mi casa", entonces ya nosotros teníamos nuestras primeras canciones. Y conocimos a Silvio […] fíjate de cuántos años estamos hablando, Silvio cantó en ese momento, que acababa de escribir *Ojalá* […] nos reunimos con él, cantamos con él, a él le gustaron las canciones que yo hacía y que hacía Rubén también. Y empezamos en el Movimiento de la Nueva Trova, ya para esas alturas yo estaba en la prepa. En la prepa era muy amigo de Amaury Pérez. Él vivía a una cuadra del preuniversitario donde yo estudiaba, a cada rato me escapaba y me iba para casa de Amaury, quien siempre estaba ahí oyendo música […].

Cómo sobresalió su humor dentro de la Nueva Trova

[…] justamente, yo creo que hago humor porque empecé con el rollo de la Trova y en ese momento, […] pero no era como algo muy popular. […] yo tenía como canciones humorísticas y las alternaba, y entonces esas canciones humorísticas me ganaron gran popularidad dentro de la escuela y pues a los chamacos les encantaban las canciones esas y entonces eran las que más pedían y yo creo que eso definió de alguna manera el rumbo, porque sí hubiera podido seguir haciendo canciones serias al estilo de Silvio, al estilo de Pablo, encontrando mi camino. Pero el hecho de que yo estuviera en colectivos, colectivos de estudiantes, oyendo cómo pensaban y todo eso me definió más en la idea del humor. Y las canciones de humor pues tenían mucha popularidad en Cuba en esos años.

Habla de La Historia de Cuba

Esa yo la hice cuando estaba en el primer año de la Universidad, entonces la empecé a hacer sobre todo porque dije, bueno, tenía ganas de hacer algo como una obra mayor, algo que superara la canción solamente. Y entonces se me ocurrió, estaba estudiando diseño básico, y se me ocurrió que por qué no hacía una obra que fuera modular. Estaba el concepto del módulo, tú sabes que es un concepto que se repite y que puede dar como distintas alternativas. Yo estaba estudiando eso y bueno, pues si voy a hacer una historia donde yo pueda ir engarzando las canciones y de repente quitar una, poner otra y que no se rompa la coherencia y ahí nació *La Historia de Cuba*. […] Y ahí a veces ni sabía yo lo que estaban diciendo, yo estaba escribiendo mis canciones. […] salió una canción que nadie se da cuenta que tiene una estructura modular, porque son tres fragmentos de seis canciones cada una, que se van engarzando. Y eso además me permitía, por ejemplo: iba a la televisión, tienes 10 minutos, ah bueno, pues hacemos tres canciones y en tres canciones podíamos resumir un poco la historia. […] Y otro elemento también importante: mi tío que era historiador. Mi tío era un gran historiador cubano que ya murió, quien fue profesor emérito de la Universidad de La Habana y tiene muchísimos libros sobre historia. Los jóvenes que estudian historia en Cuba tienen que leer los libros de mi tío, entonces estaba yo cercano a la historia […] Yo dije: "La mejor manera de aprender la historia tiene que ser así, aligerarla", es decir quitarle un poco de mármol porque es siempre en la historia todos los personajes están en mármol y nadie los concibe de carne y hueso, entonces esa fue un poco la motivación.

Habla de El Génesis

Después que hice *La Historia de Cuba* escribí *El Génesis* que dije: "[…] pues es otra historia grande", que era la historia del Antiguo Testamento del Génesis. […] mira el humor funciona mucho con que la gente sepa de qué estás hablando. Cuando tú haces un chiste y nadie conoce ni los personajes, ni la situación, ni la historia que acompaña ese chiste, eso no causa risa. Lo que más risa siempre te da es cuando tú conoces de qué se está hablando. Y por eso me fijé en el Génesis porque esas historias bíblicas son historias sumamente conocidas por todos, la historia de Adán y Eva, la historia de Abel y Caín, la historia de la creación del mundo, la Torre de Babel, Sodoma y Gomorra… Todas son historias que todo el mundo maneja. Entonces, bueno, ¿cómo hacer con esa historia que todo el mundo la conoce de una forma? Pues yo… cambiarla y hacerla con humor. Con *El Génesis* yo empecé a hacer giras fuera de Cuba. Vine aquí a México. La primera vez que vine a México venía con Sara González, y nos invitó Monseñor Méndez Arceo a que lo presentáramos en la Catedral de Cuernavaca. […] de repente, estábamos Sara y yo en el altar mayor de la Catedral de Cuernavaca que es una de las iglesias más antiguas de América, haciendo una versión humorística de *Génesis*. Esa obra la llevamos también a Venezuela. Hay una historia muy divertida de las cosas que pasaron con el *Génesis*. La llevamos a Estados Unidos, la hicimos en el salón plenario de la ONU, que eso era una cosa increíble, que es un recuerdo que yo tengo de que nos invitaron para que la hiciéramos ahí, en el salón plenario de la ONU. La presentamos también en España. Pues sí fue una obra que me dio muchísima satisfacción y sobre todo internacionalmente.

Habla de El Infierno

[...] hice un espectáculo sobre *El Infierno* de Dante Alighieri., que este sí ya llevaba más producción. Me acompañó el grupo más popular de la música popular en Cuba, valga la redundancia, que son *Los Van Van*, el grupo más famoso de música bailable y Juan Formell, que era el director del grupo [...] hizo los arreglos, y entonces grabamos un álbum doble. Ese espectáculo se presentó también aquí en México, lo presentamos en Nicaragua, lo presentamos en Venezuela, creo que en Estados Unidos también, se hizo en varios sitios. Este espectáculo empezó igual con un formato pequeño, éramos como cuatro o cinco actores al principio y terminamos con un elenco de más de sesenta personas que eran bailarines, músicos... Yo recuerdo que *El Infierno* se hacía en vivo con la Orquesta Cubana de Música Moderna, que era un jazz *band* aumentado. En el foso tenía una súper orquesta, entonces se tocaba, era todo en vivo.

Habla de Welcome Colón

Después de *El Infierno* vino una obra que se llamaba *Welcome Colón*, y después vino una que se llamaba *Estamos en el aire*. Esta última estaba dedicada a los medios masivos: a la televisión, a la radio y a la prensa. La de *Welcome Colón* la hice cuando se estaban por celebrar los 500 años del descubrimiento de América. Y entonces hice una historia de una aldea, de una tribu que no es descubierta por los colonizadores de la tribu de los indios salvajes, [...] ellos ahí muy preocupados porque estaban descubriendo a todo el mundo y a ellos no. Entonces deciden hacerse una piragua e irse a Europa a descubrirse ellos solos, pero los agarran los vientos alisios, las mareas y todo, y detienen el camino y se demoran 500 años en llegar a Europa, es decir llegan a Palos de Moguer justamente cuando se están celebrando los 500 años de la salida del descubrimiento de América. [...] eso creó todo un absurdo en esa historia que además termina en un espectáculo porque cuando llegan allí acaban siendo contratados por la comisión organizadora de los festejos de los 500 años, para hacer un *show* de cabaret sobre cómo fue la conquista. [...] es una obra interesante porque habla de todos los temas estos que son controversiales de los 500 años, ¿qué pasó ahí? [...] tiene una parte donde los de la tribu deciden tomar venganza y es entonces que van a hacer a Europa lo mismo que hicieron los europeos aquí. [...] dicen que van a hacer una pirámide arriba del Vaticano y van a hacer lo mismo que pasó, pero al revés. Ese es un recurso que yo uso mucho en mi humor, que es hacer las cosas como al revés de cómo se hicieron o deberían ser.

Habla de Sexo, luego existo

Sexo, luego existo nace cuando ya yo estoy viviendo aquí en México. El último espectáculo que yo escribí en Cuba fue, creo, que el de *Welcome Colón*, un espectáculo que escribí, que hice con el Conjunto Nacional de Espectáculos de Cuba. En ese momento conozco a Iania, mi esposa, me enamoro, empiezo con ella y me vengo a vivir con ella para México. Y entonces digo: "Aquí tengo que hacer otra cosa". Por aquellos días estaba trabajando con Imevisión, en un *show* de María Conchita Alonso que se llamaba Picante; yo escribía los sketches. Entonces igual, buscando un tema universal, me pareció que más universal que el sexo no hay. [...] empecé a hacer el tema éste y me acordé de un personaje que pertenece a la obra musical más popular que yo hice en Cuba, que se llamaba *La esclava contra el árabe*, que la escribí junto a un gran humorista cubano que se llamaba Héctor Zumbado, un extraordinario hombre con mucho sentido del humor y muy divertido. Y Héctor para ese espectáculo, había creado un personaje que se llamaba Konstantin von Sauerkraut, que era un director alemán de los años 30. Era una crítica a esos programas de cine, que hay un tipo especialista en cine que te echa un choro que no se acaba nunca, que al final ya tú estás tan agotado que no tienes ganas de ver la película. [...] me gustó mucho porque además Sauerkraut es la ensalada alemana que se hace con col y que a mí no me gusta nada, pero se me hace divertido el nombre y entonces sale lo del personaje éste y lo convierto en el protagonista de la trilogía que es *Sexo luego existo*, *Pienso si me acuerdo*, *La soprano estreñida* y en la última pieza que fue *Il medio castrato*, que cuentan la historia de Konstantin von Sauerkraut y sus aventuras. De algún modo Konstantin von Sauerkraut es como mi Johan Sebastian Mastropiero. Es como un personaje, que esa es otra variante que tiene el humor cuando tú te enganchas con un protagonista y vas siguiendo la vida de éste por donde él te lleve. En *Sexo luego existo*, *La soprano* y *Il medio castrato* primero hice las canciones y luego armé la historia de Konstantin con esas canciones. Es decir, el proceso fue al revés. Eran temas que me interesaban del sexo e hice una serie de canciones y después escribí los textos que iban enlazando a Konstantin von Sauerkraut para que tuviera una narrativa dramática.

Habla de Cuba sí, yanquis… ¿qué?

[...] esa la hice en Cuba, además, y estaba yo allí cuando llegó… bueno no, yo no estuve cuando estaba Obama, yo estaba aquí, pero me tocó todo el preparativo. Yo estaba en un programa de televisión y de repente paran y dicen:

"A la una de la tarde tienen que parar toda la grabación -esto en Cuba- porque va a salir el presidente", que era Raúl Castro, iba a ser una locución... una guerra con alguien, no sé cuánto. Y de repente sale Raúl y dice: "Ya no va a haber más broncas con los gringos y que vamos a tener buena relación". Corte a Obama en la Casa Blanca diciendo: "Ya vamos a tener relaciones con Cuba y...". [...] eso dejó a todo el mundo pasmado. Viajo al día siguiente a México, [...] agarro un taxi y me pongo a hablar con el taxista y dice, bueno le pregunto: "¿Qué le parece todo esto de las relaciones con Cuba?, y no sé cuánto. Y me dice: "Mire cubano, no se vaya a molestar conmigo, pero se los van a ensartar. Espérese un minutito y cuando ya estén más tranquilos se los van a clavar seguro". Y entonces a mí me hizo mucha gracia aquello y por eso hago la canción y remato con la historia del taxista aquí en Ciudad de México.

La revolución tecnológica en la música

[...] pasamos de hacer los primeros discos míos, donde además no había manera de editar tanta música diferente, como es el caso de *La Historia de Cuba* y *El Infierno*, que lo hice con el grupo cubano Los Van Van; *El Génesis* que lo hice además con otro grupo muy famoso que se llamaba Mayoguacán, que dirigía el mejor trecero del mundo que es Pancho Amat, [...], pues eran grandes estudios donde uno tenía que grabar todo en una multipista que eran una cosa, eran unas cintas de este vuelo. Y después había que editar como en el cine, por corte y pegar para que todo se arreglara. [...] Con el trabajo digital aparecieron los sintetizadores, aparecieron los secuenciadores. Trabajé mucho en ese sentido. Tenía en el grupo del Conjunto Nacional de Espectáculos, los que tocaban los teclados y los que trabajaban fueron los que me iniciaron en este mundo de la tecnología, de las secuencias y todo eso. Me pareció muy positivo porque tú lograbas tener una orquesta prácticamente con sonidos digitales. Esto se ha ido cada vez especializando más; [...] ya los sonidos digitales son hasta difíciles de diferenciar de los sonidos reales. Yo he pasado por todo eso, he hecho discos completamente secuenciados, discos donde se mezclan las secuencias con los instrumentos reales y discos completamente hechos de la manera más convencional como es este último de *Crónicas de la pandemia*, que lo grabé digamos que en el sentido más convencional como hice mis primeros discos [...] Y logramos juntar yo creo que a los músicos más importantes de Cuba en ese último disco [...].

Los videoclips y la animación

Hasta este momento fíjate que no me había preocupado mucho el mundo de los videoclips, y me habían propuesto, de pronto había hecho algún vídeo por ahí, pero ahora sí me interesó mucho porque encontré como una manera distinta de presentarme, siempre me ha parecido que el trovador con la guitarra sola, pues eso tiene un valor, pero puede ser más entretenido y divertido. [...] después de haber hecho tanto tiempo teatro con el Conjunto Nacional de Espectáculos y haber montado tantas obras de teatro, encontré como una vía donde se juntan todas estas cosas, en hacer presentaciones con una pantalla detrás, donde se ponen los vídeos de las cosas que yo voy relatando. Y me gusta mucho esta nueva vía que he encontrado y creo que la voy a seguir explotando, voy a seguir haciendo cosas que sean como multimedia. Es más, sueño con hacer cosas donde la gente pueda participar desde sus celulares y se transmita cosas para los celulares de la gente, que tenga que ver con lo que se está haciendo en el escenario. Porque creo que vamos cada vez más en ese camino, en buscar manifestaciones que sean como más redondas, más completas de todo lo que está pasando en el mundo tecnológico. Y eso, por supuesto, tiene que ver con que antes costaba una fortuna hacer un videoclip y ahora puedes hacer un videoclip con tu teléfono celular. [...] Estoy intentando también, en la familia, fíjate de los videoclips que hemos puesto hay tres de este último espectáculo que son de mi sobrino, un hijo de mi hermana que se dedica a hacer videoclips, que es David Rodríguez. Él hizo el de *Los Negacionistas*, *La cosa está de cabeza* y *La flor, el viento, la mariposa*, esa que donde puso los cuadros estos de los impresionistas, que eso después se va a convertir en un videoclip también, de todo esto. [...] Entonces, bueno, pues en ese proceso ando ahora, de tratar de que mis espectáculos tengan más imagen.

Cómo se reinventa

[...] hicimos unas presentaciones en Tijuana con un grupo norteño, no me acuerdo cómo se llama [...]. Yo no le hago ascos a ningún género musical, a mí me parece que todos son válidos, son importantes y que todo a lo que va encaminado finalmente, es a lo que tú vas a decir. [...] yo creo que el mensaje es lo que tiene que ser lo más poderoso y lo más importante, la historia y cómo la vas a contar. [...] la vida me ha ido llevando a hacer cosas diferentes y hablar de cosas distintas. Para mí fue muy importante llegar a México y [...] volverme cada vez más internacional. Porque el entender otra cultura, hacer cosas que fueran compatibles para mi cultura y para la cultura mexicana, vuelven esas canciones hechas durante todos esos años en algo que se puede entender en cualquier lugar del mundo. [...] El que la vida me haya forzado a tratar de ser cada vez más internacional y hacer cosas que se entiendan en todas partes, yo creo que es una cosa que finalmente agradezco, no haberme quedado estancado en ningún momento. Y eso me obliga a estarme reinventando, y a los sesenta y siete años todavía me sigo reinventando.

Fuentes de información

Bibliografía

Acosta, Leonardo. "Canciones de la Nueva Trova", En *Móviles y otras músicas*, 135-156. La Habana: Unión, 2010. [Publicación original: "Prólogo", En *Canciones de la Nueva Trova*. La Habana: Letras Cubanas, 1981].

Acosta, Leonardo. "La Nueva Trova: ¿un movimiento masivo?". En *Del tambor al sintetizador*, 92-102. La Habana: Letras Cubanas, 2014. [Publicación original: En *Revolución y Cultura*, no. 63, noviembre (1977)].

Alén Rodríguez, Olavo. *Pensamiento musicológico*. La Habana: Letras Cubanas, 2006.

Almazán del Olmo, Sonia y Torres Moré, Pedro. *Panorama de la Cultura Cubana*. La Habana: Editorial Félix Varela, 2007.

Béhague, Gerard. "A Performance and Listener-Centered Approach to Musical Analysis: Some Theoretical and Methodological Factors", *Latin American Music Review / Revista de Música Latinoamericana*, vol. 27, no. 1, spring-summer (2006), 10-18.

Cámara de Landa, Enrique. *Etnomusicología*. 2da ed. Madrid: ICCMU, 2003. [1ra ed. Madrid: ICCMU, 1998].

Cantón Navarro, José C. y Silva León, Arnaldo. *Historia de Cuba 1959-1999*, 3ra reimpr. La Habana: Pueblo y Educación, 2011 [2009].

Casablancas, Benet. *El humor en la música. Broma, parodia e ironía. Un ensayo*. 2da ed. Barcelona: Galaxia Gutenberg, 2014. [1ra ed. Berlín: Reichenberger, 2000].

Cervera Delgado, Cirila. "Las historias de vida. Apuntes metodológicos y didácticos para su construcción". En Lara Meza, Ada Marina; Macías Gloria, Felipe y Camarena Ocampo, Mario, coordinadores. *Los oficios del historiador: taller y prácticas de la Historia Oral*, 119-133. Guanajuato: Universidad de Guanajuato, 2010.

Chiantore, Luca; Domínguez, Áurea y Martínez, Sílvia. *Escribir sobre música*. 2da ed. Barcelona: Musikeon Books, 2018. [1ra ed. (Barcelona: Musikeon Books, 2016)].

Dalbem Barth, Cássio. "´Comes y te vas´: Performance y Performatividad en la obra de Alejandro García Villalón ´Virulo´". En *Tão longe... tão perto... A música migrante*, 8vo Encontro Internacional de Música e Mídia, Universidade de São Paulo, 19-21 de setembro de 2012.

Dueñas, Daniel G. "Los motivos del muérdago (La búsqueda de Virulo)", *Textual*, año 4, vol. IV, núm. 37 (mayo de 1992), 62-68.

Esquenazi Pérez, Martha. *Del areíto y otros sones*. La Habana: Letras Cubana, 2001.

Feijóo, Samuel. *El son cubano: poesía general*. La Habana: Letras Cubanas, 1986.

Giro, Radamés. *Diccionario Enciclopédico de la Música en Cuba*. 4 t. La Habana: Letras Cubanas, 2007.

Giro, Radamés. *Música popular cubana. Breve historia a través de los géneros y otros ritmos.* 1ra reimp. La Habana: José Martí, 2013. [1ra ed. La Habana: José Martí, 2007].

Gómez García, Zoila y Eli Rodríguez, Victoria. *Música latinoamericana y caribeña.* La Habana: Pueblo y Educación, 1995.

González de Castilla Gómez, María. "Fandango jarocho y ciudad: juventud y construcción de sentidos. El caso del Colectivo Altepee". Tesis de maestría. Centro Universitario de Arte, Arquitectura y Diseño, Universidad de Guadalajara, 2017.

Gramatges, Harold. *Presencia de la Revolución en la música cubana,* 2da ed. La Habana: Editorial Letras Cubanas, 1997. [1ra ed. (La Habana: Editorial Letras Cubana (1983)].

Hernández Salgar, Óscar. "La semiótica musical como herramienta para el estudio social de la música", *Cuadernos de Música, Artes Visuales y Artes Escénicas,* vol. 7, no. 1 (enero-junio 2012), 39-77.

León, Argeliers. *Del canto y el tiempo,* 2da ed. La Habana: Editorial Letras Cubanas, 1984. [1ra ed. (La Habana: Editorial Letras Cubana (1974)].

Linares, María Teresa. *La música y el pueblo.* 1ra reimpresión. La Habana: Pueblo y Educación, 1979). [1ra ed. La Habana: Ministerio de Educación, 1974].

López-Cano, Rubén y San Cristóbal Opazo, Úrsula. *Investigación artística en música. Problemas, métodos, experiencias y modelos.* Barcelona: FONCA y ESMUC, 2014.

Madrid, Alejandro L. "Entre/tejiendo vidas y discursos: Notas y reflexiones en torno a la biografía y la anti-biografía musical", *Revista Argentina de Musicología,* vol. 22, no. 1 (2021), 19-43.

Martínez Miguélez, Miguel. "Historias de vida". En *Ciencia y arte en la metodología cualitativa,* 2da ed., 203-228. México: Trillas, 2006.

Martínez, Mayra A. "Sara González, el canto de su tiempo". En *Cubanos en la música,* 304-315. La Habana: Unión, 2015. [Publicación original: 1980].

MINED. *Combinaciones instrumentales y vocales de Cuba.* La Habana: Dirección General de Servicios Técnicos Docentes, 1973.

Orozco, Danilo. "El son: ¿ritmo, baile o reflejo de la personalidad cultural cubana?". En Zoila Gómez García (selecc.), *Musicología en Latinoamérica,* 363-389. La Habana: Arte y Literatura, 1984.

Orozco, Danilo. "Qué e(s)tá pasando, ¡Asere!... detrás del borroso 'Qué se yo y no sé qué' en la génesis y dinámica de los géneros musicales", *Clave. Revista Cubana de Música,* año 12, no. 1 (segunda época 2010), 60-89.

Padrón, Frank. "Alejandro García *Virulo.* La trova virulenta". En *Ella y yo. Diccionario personal de la trova,* 78-79. La Habana: José Martí, 2014.

Pappe, Silvia. *Historiografía crítica: una reflexión teórica.* Ciudad de México: Universidad Autónoma Metropolitana - Unidad Azcapotzalco, 2001.

Pérez Sánchez, Alfonso. "La grabación sonora como objeto de estudio". En Del Villar, Pedro, coordinador. *Teorías de las Artes,* 67-84. Guanajuato: Universidad de Guanajuato, 2015.

Prieto Stambaugh, Antonio. "Los estudios de performance: un simulacro crítico", *Citru.doc. Cuadernos de investigación teatral,* no. 1 (noviembre 2005), 52-61.

Qureshi, Regula Burckhardt. "Musical sound and Contextual Input A Performance Model for Musical Analysis". *Ethnomusicology*, vol. 31, no. 1 (winter 1987), 56-86.

Reyes Fortún, José. *Un siglo de discografía cubana*. La Habana: Ediciones Museo de la Música, 2017.

Ruiz Rodríguez, Carlos. "Del Folklore musical a la Etnomusicología en México: esbozo histórico de una joven disciplina". Tesis de maestría. Facultad de Música, Universidad Nacional Autónoma de México, 2010.

Ruiz-Trejo, Eddie Eynar. "´Sonamos pese a todo´, el humor en la música latinoamericana, análisis comparativo de los casos: Les Luthiers, Chava Flores y Virulo". Tesis doctoral. Facultad de Filosofía y Letras, Universidad Nacional Autónoma de México, 2012.

San Cristóbal Opazo, Úrsula Pilar. "¿Acción, puesta en escena, evento o construcción audiovisual? Una breve introducción al concepto de performance en humanidades y en música". *Cuadernos de Música, Artes Visuales y Artes Escénicas*, vol. 13, no. 1 (enero-junio 2018), 207-231.

Suárez Marrero, Pablo Alejandro; Pérez Sánchez, Alfonso y Barreiro Lastra, Juan Hugo. "Momentos sociológicos en el performance musical El humor en estos tiempos da cólera´ (ca. 1986) de Alejandro García Villalón Virulo", *De Raíz Diversa*, vol. 6, no. 11 (enero-junio 2019), 79-103.

Suárez Marrero, Pablo Alejandro. "Análisis del *Génesis Según Virulo* (2001) del cantautor cubano-mexicano Alejandro García Villalón: performance, intertextualidad y humorismo". Tesis de maestría. División de Arquitectura, Arte y Diseño, Universidad de Guanajuato, 2018.

Suárez Marrero, Pablo Alejandro. "Corporalidade e humor nas capas das gravações sonoras comerciais (1992-2017) de Alejandro García Villalón 'Virulo'". En Sotuyo Blanco, Pablo, editor. *6° Congresso Brasileiro de Iconografia Musical - Anais*, 131-146. Campinas: RIdIM - Brasil, 2021.

Valdés, Alicia. *Diccionario de mujeres notables en la música cubana*, 2da. ed. Santiago de Cuba: Editorial Oriente, 2011.

Notas de prensa

Acosta Llerena, Oni. "No te metas. de Virulo. conga soberana y solidez musical". *Granma*. 26 de diciembre de 2020. http://www.granma.cu/cultura/2020-12-26/conga-soberana-y-solidez-musical-26-12-2020-00-12-05 (consulta: 14 de febrero de 2021).

Acosta Llerena, Oni. "Virulo: amor y humor". *Granma*. 17 de junio de 2020. http://www.granma.cu/Musicando/2020-06-17/virulo-amor-y-humor-17-06-2020-22-06-41 (consulta: 14 de febrero de 2021).

Ahome Cultura. "Este domingo 31 de marzo llega Virulo con su show 'Que buena está la morena'". *Ahome.gob.mx*. marzo de 2019. https://www.ahome.gob.mx/este-domingo-31-de-marzo-llega-virulo-con-su-show-que-buena-esta-la-morena/ (consulta: 19 de febrero de 2021).

Almanza, Estefanía. "´Virulo´ presentó su espectáculo ´Buena risa. social club´ en el Centro Cultural Teopanzolco". *Diario de Morelos*. 30 de septiembre de 2018. https://www.diariodemorelos.com/noticias/virulo-presentó-su-espectáculo-buena-risa-social-club-en-el-centro-cultural-teopanzolco (consulta: 11 de abril de 2020).

Alonso Venereo, Ricardo. "Pórtate bien y no contamines de + Video". *Granma*. 18 de agosto de 2020. http://www.granma.cu/cultura/2020-08-18/portate-bien-y-no-contamines-18-08-2020-22-08-08 (consulta: 14 de febrero de 2021).

AP. "Lo impensable: la corrupción, el robo y la falsificación son temas de los humoristas cubanos". *Diario Las Américas*. 11 de diciembre de 2014. https://www.diariolasamericas.com/lo-impensable-la-corrupcion-el-robo-y-la-falsificacion-son-temas-los-humoristas-cubanos-n2834006 (consulta: 17 de febrero de 2021).

Armas Fonseca, Paquita. "Vivir del cuento y el porqué de su popularidad". *Cubadebate.cu*. 31 de marzo de 2020. http://www.cubadebate.cu/opinion/2020/03/31/vivir-del-cuento-y-el-por-que-de-su-popularidad/ (consulta: 10 de abril de 2020).

Bolívar, Douglas. "Virulo: 'El humor es la distancia que hay entre lo que somos y lo que creemos ser'". *Tele Sur*. 31 de julio de 2008. http://historico.cuba informacion.tv/index.php/cultura/34221-virulo-el-humor-es-la-distancia-que-hay-entre-lo-que-somos-y-lo-que-creemos-ser (consulta: 10 de abril de 2020).

Borges-Triana, Joaquín. "Canción Cubana Contemporánea, una imagen posible". *Juventud Rebelde*, 20 de noviembre de 2008. https://www.juventudrebelde.cu/columnas/los-que-sonamos/2008-11-20/cancion-cubana-contemporanea-una-imagen-posible (consulta: 30 de enero de 2022).

Borges-Triana, Joaquín. "Humor en la música cubana: del choteo a la burla pública". *El Caimán Barbudo*. 12 de noviembre de 2014. http://www.caiman barbudo.cu/musica/2014/11/del-choteo-a-la-burla-publica/ (consulta: 11 de abril de 2020).

Chinchillas, Abraham. "Virulo, hoy y mañana en Cuernavaca". *Transeúnte solitario*. 14 de noviembre de 2008. https://abrahamchinchillas.blogspot.com/2008/11/virulo-hoy-y-maana-en-cuernavaca.html?m=1 (consulta: 21 de febrero de 2021).

Cisneros, Geysell. "Virulo, de la realidad a la comedia". *Diario Las Américas*. 12 de septiembre de 2017. https://www.diariolasamericas.com/cultura/virulo-la-realidad-la-comedia-n4131814 (consulta: 17 de febrero de 2021).

Clarín. "Somos gente de sangre ligera". *Clarín.com*. 12 de mayo de 2004. https://www.clarin.com/ediciones-anteriores/gente-sangre-ligera_0_Sk3ex ZTkCFg.html (consulta: 16 de febrero de 2021).

Cobos, Raúl. "Virulo llega al Foro La Culebra con su show 'Buena risa social club'". *Cobos.tv*. 22 de junio de 2018. http://cobos.tv/2018/06/virulo-llega-al-foro-la-culebra-con-su-show-buena-risa-social-club/ (consulta: 11 de abril de 2020).

Cuba Hoy. "Dedicar la vida a hacer reír a los demás vale la pena: Virulo. Premio Nacional del Humor cubano 2014". *Cubainformación.tv*. 17 de noviembre de 2014. http://historico.cubainformacion.tv/index.php/cultura/59656-dedicar-la-vida-a-hacer-reir-a-los-demas-vale-la-pena-virulo-premio-nacional-del-humor-cubano-2014 (consulta: 10 de abril de 2020).

Cuba Sí. "Este sábado en el Karl Marx Juegos Sinfoniquísimos de Virulo y un Luthier". *Cubasi.cu*. 27 de junio de 2014. http://cubasi.cu/es/cubasi-noticias -cuba-mundo-ultima-hora/item/29326-este-sabado-en-el-karl-marx-juegos-sinfoniquisimos-de-virulo-y-un-luthier (consulta: 10 de abril de 2020).

Cuba Sí. "La ´cosa´, según Virulo". *Cubasi.cu*. 13 de agosto de 2015. http://cubasi.cu/es/cubasi-noticias-cuba-mundo-ultima-hora/item/42176-la-cosa-segun-virulo (consulta: 10 de abril de 2020).

Cuba Sí. "Unos 10 artistas optan por el Premio Nacional de Humor 2012". *Cubasi.cu*. 21 de junio de 2012. http://cubasi.cu/es/cubasi-noticias-cuba-mundo-ultima-hora/item/7776-unos-10-artistas-optan-por-el-premio-nacional-del-humor-2012 (consulta: 10 de abril de 2020).

Cuba Sí. "Virulo y La Juntamenta". *Cubasi.cu*. 25 de marzo de 2015. http://cubasi.cu/es/cubasi-noticias-cuba-mundo-ultima-hora/item/37786-virulo-y-la-juntamenta (consulta: 10 de abril de 2020).

Cuba Sí. "Virulo: Premio Nacional de Humorismo 2014". *Cubasi.cu*. 17 de junio de 2014. http://cubasi.cu/es/cubasi-noticias-cuba-mundo-ultima-hora/item/28993-virulo-premio-nacional-de-humorismo-2014 (consulta: 10 de abril de 2020).

Cubanos Famosos. "Culminará gira de Virulo, Jorge Díaz y Tony Ávila". *Cubanos Famosos.com*. agosto de 2018. http://cubanosfamosos.com/index.php/es/culminara-gira-de-virulo-jorge-diaz-y-tony-avila (consulta: 17 de febrero de 2021).

Cubarte. "Cuba sí y otras preguntas de Virulo". *Periódico Cubarte*. 27 de octubre de 2016. http://www.cubarte.cult.cu/periodico-cubarte/cuba-si-y-otras-preguntas-de-virulo/ (consulta: 10 de abril de 2020).

Cubarte. "Virulo recibe Premio Nacional del Humor 2014". *Periódico Cubarte*. 27 de octubre de 2016. http://www.cubarte.cult.cu/periodico-cubarte/virulo-recibe-premio-nacional-del-humor-2014/ (consulta: 10 de abril de 2020).

Cuevas, Maritza. "Llena Virulo de música y risa el CCT". *El Sol de Cuernavaca*. 02 de octubre de 2018. https://www.elsoldecuernavaca.com.mx/cultura/llena-virulo-de-musica-y-risa-el-cct-2041716.html (consulta: 11de abril de 2020).

de la Hoz, Pedro. "Nominados a Cubadisco, bossa nova en concierto inaugural". *Granma*. 11 de mayo de 2016. http://www.granma.cu/cultura/2016-05-11/nominados-a-cubadisco-bossa-nova-en-concierto-inaugural-11-05-2016-21-05-47 (consulta: 15 de marzo de 2021).

de la Hoz, Pedro. "Todo es música y razón". *Granma*. 28 de diciembre de 2020. http://www.granma.cu/cultura/2020-12-28/todo-es-musica-y-razon-28-12-2020-21-12-17 (consulta: 16 de febrero de 2021).

de la Hoz, Pedro. "Un humor inteligente para la inteligencia del público". *Granma*. 22 de noviembre de 2013. http://www.granma.cu/granmad/2013/11/22/cultura/artic06.html (consulta: 16 de febrero de 2021).

Dedeté. "Hacer reír para seguir pensando". *Dedeté.cu*. 16 de junio de 2014. http://dedete.cu/noticias-y-chismes/2014-06-09/hacer-reir-para-seguir-pensando/ (consulta: 10 de abril de 2020).

del Valle Valdés, Taissé. "Culminará gira de Virulo. Jorge Díaz y Tony Ávila". *Periódico Cubarte*. 16 de agosto de 2018. http://www.cubarte.cult.cu/periodico-cubarte/culminara-gira-de-virulo-jorge-diaz-y-tony-avila/ (consulta: 10 de abril de 2020).

Diario Las Américas. "Virulo reivindica el humor en la Capital del Sol". *Diario Las Américas*. 06 de julio de 2017. https://www.diariolasamericas.com/cultura/virulo-reivindica-el-humor-la-capital-del-sol-n4126166 (consulta: 17 de febrero de 2021).

Díaz Socarrás, Dania. "Reprogramado para hoy concierto en Camagüey de Tony Ávila, Virulo y Jorge Díaz". *Radio Cadena Agramonte.* 30 de julio de 2018. https://www.cadenagramonte.cu/articulos/ver/81158:reprogramado-para-hoy-concierto-en-camaguey-de-tony-avila-virulo-y-jorge-diaz-audio (consulta: 17 de febrero de 2021).

Domínguez Batis, Mariana. "Virulo celebrará 'la concientización del pueblo mexicano'". *La Jornada.* 05 de julio de 2018. https://www.jornada.com.mx/2018/07/05/espectaculos/a13n1esp (consulta: 14 de abril de 2020).

Dufflar, Marianela. "Dan a conocer nominados a los Premios Cubadisco 2015 (+ Artistas)". *Cubadebate.cu.* 30 de abril de 2015. http://www.cubadebate.cu/noticias/2015/04/30/dan-a-conocer-nominados-a-los-premios-cubadisco-2015/ (consulta: 15 de marzo de 2021).

Dufflar, Marianela. "Digna Guerra y Alexander Abreu, ganadores del Gran Premio Cubadisco 2015 (+ Listado de Premiados)". *Cubadebate.cu.* 14 de mayo de 2015. http://www.cubadebate.cu/noticias/2015/05/14/digna-guerra-y-alexander-abreu-ganadores-del-gran-premio-cubadisco-2015 (consulta: 15 de marzo de 2021).

EFE. "'Cuba sí, yanquis ¿qué?', del humorista cubano 'Virulo' en un disco". *Diario Las Américas.* 05 de agosto de 2015. https://www.diariolasamericas.com/cuba-si-yanquis-que-del-humorista-cubano-virulo-un-disco-n3261854 (consulta: 17 de febrero de 2021).

El Debate. "Trump va a traer ganancias a México". *Debate.com.mx.* 11 de marzo de 2017. https://www.debate.com.mx/cultura/Trump-va-a-traer-ganancias-a-Mexico-20170316-0293.html (consulta: 17 de febrero de 2021).

El Informador. "Actividades culturales de la S.E.C.". *El Informador.* 16 de mayo de 1990, 8E.

El Informador. "Corridos Pendencieros". *El Informador.* 15 de junio de 2001, 5D.

El Informador. "El humor tapatío en Cuba". *El Informador.* 20 de septiembre. de 1998, 11D.

El Informador. "Festival Cultural de Mayo en la playa". *El Informador.* 05 de mayo de 2003, 2D.

El Informador. "Galerías: Espectáculo humorístico musical con 'Lo mejor de Virulo'". *El Informador.* 9 de diciembre de 1994, 2D.

El Informador. "Galerías: Jazz". *El Informador.* 16 de marzo de 1995, 1D.

El Informador. "Galerías: La Peña Cuicacalli". *El Informador.* 17 de julio de 2002, 2D.

El Informador. "Galerías: Lunes universitarios". *El Informador.* 21 de octubre de 1985, 10D.

El Informador. "Galerías: Música". *El Informador.* 17 de marzo de 1995, 7D.

El Informador. "Galerías: Peña Cuicacalli". *El Informador.* 02 de julio de 1997, 5D.

El Informador. "Galerías: Peña Cuicacalli". *El Informador.* 02 de octubre de 1999, 11D.

El Informador. "Galerías: Peña Cuicacalli". *El Informador.* 03 de julio de 1997, 4D.

El Informador. "Galerías: Peña Cuicacalli". *El Informador.* 04 de julio de 1997, 4D.

El Informador. "Galerías: Peña Cuicacalli". *El Informador.* 04 de agosto de 1999, 7D.

El Informador. "Galerías: Peña Cuicacalli". *El Informador.* 05 de julio de 1997, 5D.

El Informador. "Galerías: Peña Cuicacalli". *El Informador.* 05 de agosto de 1999, 7D.

El Informador. "Galerías: Peña Cuicacalli". *El Informador.* 05 de octubre de 1999, 7D.

El Informador. "Galerías: Peña Cuicacalli". *El Informador.* 06 de julio de 1997, 5D.

El Informador. "Galerías: Peña Cuicacalli". *El Informador.* 06 de agosto de 1999, 7D.

El Informador. "Galerías: Peña Cuicacalli". *El Informador.* 06 de octubre de 1999, 7D.

El Informador. "Galerías: Peña Cuicacalli". *El Informador.* 07 de agosto de 1999, 7D.

El Informador. "Galerías: Peña Cuicacalli". *El Informador.* 09 de junio de 1999, 7D.

El Informador. "Galerías: Peña Cuicacalli". *El Informador.* 09 de octubre de 1999, 7D.

El Informador. "Galerías: Peña Cuicacalli". *El Informador.* 10 de junio de 1999, 7D.

El Informador. "Galerías: Peña Cuicacalli". *El Informador.* 11 de junio de 1999, 7D.

El Informador. "Galerías: Peña Cuicacalli". *El Informador.* 12 de junio de 1999, 7D.

El Informador. "Galerías: Peña Cuicacalli". *El Informador.* 13 de agosto de 2000, 7D.

El Informador. "Galerías: Peña Cuicacalli". *El Informador.* 14 de agosto de 1998, 11D.

El Informador. "Galerías: Peña Cuicacalli". *El Informador.* 19 de abril de 1999, 2D.

El Informador. "Galerías: Peña Cuicacalli". *El Informador.* 19 de agosto de 2000, 9D.

El Informador. "Galerías: Peña Cuicacalli". *El Informador.* 20 de abril de 1999, 7D.

El Informador. "Galerías: Peña Cuicacalli". *El Informador.* 23 de abril de 1999, 7D.

El Informador. "Galerías: Peña Cuicacalli". *El Informador.* 24 de abril de 1999, 8D.

El Informador. "Galerías: Peña Cuicacalli". *El Informador.* 24 de febrero de 2000, 7D.

El Informador. "Galerías: Velada musical". *El Informador.* 11 de noviembre de 1995, 5D.

El Informador. "Galerías: Velada musical". *El Informador.* 18 de noviembre de 1995, 2D.

El Informador. "Galerías: Virulo". *El Informador.* 07 de marzo de 1996, 4D.

El Informador. "Galerías: Virulo". *El Informador.* 07 de noviembre de 1996, 7E.

El Informador. "Galerías: Virulo". *El Informador.* 08 de marzo de 1996, 5D.

El Informador. "Galerías: Virulo". *El Informador.* 09 de noviembre de 1995, 4D.

El Informador. "Galerías: Virulo". *El Informador.* 10 de marzo de 1996, 4D.

El Informador. "Galerías: Virulo". *El Informador.* 10 de noviembre de 1995, 7D.

El Informador. "Galerías: Virulo". *El Informador.* 12 de noviembre de 1995, 9D.

El Informador. "Galerías: Virulo". *El Informador.* 14 de marzo de 1996, 5D.

El Informador. "Galerías: Virulo". *El Informador.* 16 de marzo de 1996, 7D.

El Informador. "Galerías: Virulo". *El Informador.* 16 de noviembre de 1995, 4D.

El Informador. "Galerías: Virulo". *El Informador.* 17 de marzo de 1996, 6D.

El Informador. "Galerías: Virulo". *El Informador.* 17 de noviembre de 1995, 2D.

El Informador. "Galerías: Virulo". *El Informador.* 19 de febrero de 1998, 2D.

El Informador. "Galerías: Virulo". *El Informador.* 20 de febrero de 1998, 4D.

El Informador. "Galerías: Virulo". *El Informador.* 21 de febrero de 1998, 4D.

El Informador. "Galerías: Virulo". *El Informador.* 21 de marzo de 1996, 5D.

El Informador. "Habrá continuidad en el proyecto". *El Informador.* 01 de junio de 2003, 2G.

El Informador. "Homenaje a Werny Kleiner". *El Informador.* 30 de junio de 2003, 6D.

El Informador. "Humorismo musical: 'Virulo'". *El Informador.* 17 de febrero de 1999, 3G.

El Informador. "La comicidad debe crecer a la par de la inteligencia humana: Virulo". *El Informador.* 16 de febrero de 1994, 10E.

El Informador. "Los aborígenes conquistan Europa... 500 años después". *El Informador.* 09 de marzo de 1996, 5D.

El Informador. "Siete países en Festival del Humor en Colombia". *El Informador.* 01 de mayo de 1992, 12D.

El Informador. "Teatro Guadalajara del I.M.S.S.". *El Informador.* 02 de agosto de 1988, 4B.

El Informador. "Teatro Guadalajara del I.M.S.S.". *El Informador.* 04 de agosto de 1988, 4B.

El Informador. "Teatro Guadalajara del I.M.S.S.". *El Informador.* 07 de agosto de 1988, 6B.

El Informador. "Teatro Guadalajara del I.M.S.S.". *El Informador.* 08 de agosto de 1988, 6B.

El Informador. "Teatro Guadalajara del I.M.S.S.". *El Informador.* 09 de agosto de 1988, 6A.

El Informador. "Teatro Guadalajara del I.M.S.S.". *El Informador.* 10 de agosto de 1988, 7B.

El Txoro Matutino. "Virulo se presentó en el Jardín Borda". *ElTxoroMatutino.com.* 02 de febrero de 2016. https://eltxoromatutino.com/virulo-se-presento-en-el-jardin-borda/ (consulta: 21 de febrero de 2021).

Espinoza, Fernando. "Celebra Virulo 25 años de relación con Sinaloa". *Noroeste. com.mx.*, 06 de marzo de 2018. https://www.noroeste.com.mx/entretenimiento/

espectaculos/celebra-virulo-25-anos-de-relacion-con-sinaloa-FANO1120467 (consulta: 18 de abril de 2022).

Estrada Betancourt, José Luis y Padilla Hernández, Rolando. "Con Cuba no te metas". *Juventud Rebelde*. 29 de diciembre de 2020. http://www.juventud rebelde.cu/suplementos/de-impacto/2020-12-29/con-cuba-no-te-metas-1 (consulta: 14 de febrero de 2021).

Fernández Madruga, Yang. "Virulo, Jorge y Tony rompieron la maldición". *Periódico Adelante*. 31 de julio de 2018. http://www.adelante.cu/index.php/es/cultura/57-artes-escenicas/14165-virulo-jorge-y-tony-rompieron-la-maldicion (consulta: 17 de febrero de 2021).

Flores, Rogelio. "¡A gozar que el mundo se va a acabar!". *Proceso*. 01 de diciembre de 2017. https://www.proceso.com.mx/513398/virulo-a-gozar-mundo-se-va-a-acabar (consulta: 14 de abril de 2020).

Fuentes Puebla, Thalía. "¿Cuáles son los nominados a los Premios Lucas 2022?". *Cubadebate.cu*. 23 de noviembre de 2022. http://www.cubadebate.cu/especiales/2022/11/23/cuales-son-los-nominados-a-los-premios-lucas-2022/ (consulta: 24 de noviembre de 2022).

Fulgueiras, José Antonio. "Trovadores de Cuba y de otros países animan el festival Longina 2020". *Prensa Latina*. 8 de enero de 2020. https://www.prensa-latina.cu/index.php?o=rn&id=332521&SEO=trovadores-de-cuba-y-de-otros-paises-animan-el-festival-longina-2020 (consulta: 10 de abril de 2020)

Gandica Croce, Andrea. "Virulo llega este sábado a The Place of Miami". *Diario Las Américas*. 27 de septiembre de 2016. https://www.diariolasamericas.com/cultura/virulo-llega-este-sabado-the-place-of-miami-n4103936 (consulta: 17 de febrero de 2021).

García Bereau, Lourdes Elena. "Presenta Virulo fonograma humorístico con disquera cubana". *Agencia Cubana de Noticias*. 04 de agosto de 2015. http://www.acn.cu/cultura/11601-presenta-virulo-fonograma-humcristico-con-disquera-cubana (consulta: 10 de abril de 2020).

García León, Joel. "¡Qué noche con Buena Fe, Virulo y Ruperto!". *Trabajadores.cu*. 29 de julio de 2020. http://www.trabajadores.cu/20200729/que-noche-con-buena-fe-virulo-y-ruperto-video/ (consulta: 17 de febrero de 2021).

García León, Joel. "En vivo: Humor y música con Buena Fe". *Trabajadores.cu*. 28 de julio de 2020. http://www.trabajadores.cu/20200728/humor-y-musica-con-buena-fe/ (consulta: 17 de febrero de 2021).

García León, Joel. "La Buena Fe de un concierto". *Trabajadores.cu*. 25 de noviembre de 2020. http://www.trabajadores.cu/20201125/la-buena-fe-de-un-concierto/ (consulta: 17 de febrero de 2021).

García Porto, Miguel Darío. "Ría este verano con el exquisito humor de la canción cubana". *Radio Enciclopedia*. 31 de julio de 2018. https://www.radioenciclopedia.cu/noticias/ria-este-verano-con-exquisito-humor-cancion-cubana-20180731/ (consulta: 17 de febrero de 2021).

García Ríos, Julieta. "Virulo es el premio nacional de Humorismo 2014". *Juventud Rebelde*. 17 de junio de 2014. http://www.juventudrebelde.cu/cultura/2014-06-17/virulo-es-el-premio-nacional-de-humorismo-2014 (consulta: 10 de abril de 2020).

García Ríos, Julieta. "Virulo. invitado de lujo en el cumpleaños del dedeté". *Juventud Rebelde*. 26 de febrero de 2011. http://www.juventudrebelde.cu/

cuba/2011-02-26/virulo-invitado-de-lujo-en-el-cumpleanos-del-dedete (consulta: 10 de abril de 2020).

García, Yeneily. "Juegos Sinfoniquísimos. un regalo de humor del fino". *Cubahora.cu*. 30 de junio de 2014. https://www.cubahora.cu/cultura/juegos-sinfoniquisimos-un-regalo-de-humor-del-fino (consulta: 10 de abril de 2020).

Gaspar, José A. "Dos canciones de Virulo, sorprenden a su público, en el Borda". *La Unión de Morelos*. 07 de febrero de 2016. https://www.launion.com.mx/blogs/bajo-el-volcan/noticias/84774-dos-canciones-de-virulo-sorprenden-a-su-publico-en-el-borda.html (consulta: 21 de febrero de 2021).

Gaxiola, Graciela. "Culiacán celebra sus 20 años con Virulo". *El Debate*. 04 de marzo de 2013, 15.

Giráldez, Laura Mercedes. "En Cuba no hubo ni habrá apagón cultural". *Granma*. 28 de diciembre de 2020. http://www.granma.cu/cultura/2020-12-28/en-cuba-no-hubo-ni-habra-apagon-cultural-28-12-2020-21-12-41 (consulta: 16 de febrero de 2021).

Gómez, Franco Daniel. "Virulo regresa a Guadalajara". *El Informador*. 12 de enero de 2005, 13C.

Gómez, Franco Daniel. "Virulo. Historias fueras de la realidad". *El Informador*. 18 de junio de 2005, 13C.

González, Marisela. "Gozan de Virulo en Mazatlán". *Noroeste*. 12 de marzo de 2018. https://www.noroeste.com.mx/publicaciones/view/gozan-de-virulo-en-mazatlan-1121041 (consulta: 14 de abril de 2020).

González. Rodrigo. "Alejandro García 'Virulo' contagia de trova y humor en el Trovafest". Cancionistas Oficial. 08 de diciembre de 2019. https://www.facebook.com/CancionistasOficial/posts/436322387047196 (consulta: 14 de febrero de 2021).

Granma. "Con Cuba no te metas de + Video y letra de la conga ". *Granma*. 23 de diciembre de 2020. http://www.granma.cu/cuba/2020-12-23/con-cuba-no-te-metas-23-12-2020-02-12-34 (consulta: 14 de febrero de 2021).

Gross, David G. "¡Cuba sí... Yanquis... ¿qué?!". *Cubainformación.tv*. 11 de agosto de 2015. http://martianos.ning.com/profiles/blogs/cuba-si-yanquis-qu-por-david-g-gross (consulta: 10 de abril de 2020).

Grupo Arquimo. "Virulo em Morelia presenta *Buena Risa Social Club*". *Hotel Catedral Morelia*. agosto de 2010. http://hotelcatedralmorelia.blogspot.com/2010/08/virulo-en-morelia-presenta-buena-risa.html (consulta: 17 de febrero de 2021).

Guerra, Adriana. "Vuelve Virulo al escenario del Teatro Mella". *Tribuna de La Habana*. 15 de agosto de 2019. http://www.tribuna.cu/Enterate/2019-08-15/vuelve-virulo-al-escenario-del-teatro-mella (consulta: 17 de febrero de 2021).

Hernández Alén, Yosvel. "El (gayo) pecado original. El homosexualismo masculino en la Nueva Trova". *El Caimán Barbudo*. 07 de septiembre de 2011. http://www.caimanbarbudo.cu/musica/2011/09/el-gayo-pecado-original/ (consulta: 11 de abril de 2020).

Iglesias, Adán. "¡Virulo con su Premio Nacional del Humor!". *Dedeté.cu*. 14 de noviembre de 2014. http://dedete.cu/noticias-y-chismes/2014-11-14/virulo-con-su-premio-nacional-de-humor/ (consulta: 10 de abril de 2020).

Iglesias, Adán. "Virulo. premio nacional de humor 2014". *Dedeté.cu*. 17 de junio de 2014. http://dedete.cu/noticias-y-chismes/2014-06-17/virulo-premio-nacional -del-humor-2014/ (consulta: 10 de abril de 2020).

ISIC. "Alegre tarde dominical ofrece ´Virulo´ en Guamúchil". *Institu to Sinaloense de Cultura*. 21 de octubre de 2014. http://www.culturasinaloa.gob.mx/index. php?option=com_content&view=article&id=5970:alegre-tarde-dominical-ofrece-virulo-en-guamuchil (consulta: 10 de abril de 2020).

ISIC. "Con el Tatuas. celebra Virulo sus 25 años de visitar Sinaloa". *Instituto Sinaloense de Cultura*. 01 de marzo de 2018. http://www.culturasinaloa.gob. mx/index.php?option=com_content&view=article&id=12009:con-el-tatuas-celebra-virulo-sus-25-anos-de-visitar-sinaloa (consulta: 11 de abril de 2020).

ISIC. "De nuevo Virulo hace reír. ahora con ¡Qué buena está la morena!". *Instituto Sinaloense de Cultura*. 30 de marzo de 2019. http://www.cultura sinaloa.gob.mx/index.php?option=com_content&view=article&id=13089:de -nuevo-virulo-hace-reir-ahora-con-que-buena-esta-la-morena (consulta: 11 de abril de 2020).

ISIC. "Festival de Primavera presenta a Virulo". *Instituto Sinaloense de Cultura*. 27 de febrero de 2018. http://www.culturasinaloa.gob.mx/index php?option= com_content&view=article&id=11997:el-festival-de-primavera-presenta-a-virulo (consulta: 11 de abril de 2020).

ISIC. "Fino humor y juegos musicales ofrecen Virulo. Ernesto Acher y la OSSLA". *Instituto Sinaloense de Cultura*. 15 de mayo de 2015. http://www.cultura sinaloa.gob.mx/index.php?option=com_content&view=article&id=6917:fino-humor-y-juegos-musicales-ofrecen-virulo-ernesto-acher-y-la-ossla (consulta: 10 de abril de 2020).

ISIC. "La gente de Sinaloa. trabajadora. generosa y honesta: Virulo". *Instituto Sinaloense de Cultura*. 18 de octubre de 2014. http://www.culturasinaloa. gob.mx/index.php?option=com_content&view=article&id=5914:la-gente-de -sinaloa-trabajadora-generosa-y-honesta-virulo (consulta: 10 de abril de 2020).

ISIC. "Virulo explora con Dora". *Instituto Sinaloense de Cultura*. 2 de marzo de 2012. http://www.culturasinaloa.gob.mx/index.php?option=com_content&view =article&id=1247:virulo-explora-on-dora (consulta: 11 de abril de 2020).

ISIC. "Virulo llena de carcajadas el 'Héroes de Sinaloa'". *Instituto Sinaloense de Cultura*. 21 de octubre de 2014. http://www.culturasinaloa.gob.mx/index. php?option=com_content&view=article&id=5980:virulo-llena-de-carcajadas-el-heroes-de-sinaloa (consulta: 10 de abril de 2020).

ISIC. "Vuelve a Culiacán Virulo con ¡Qué buena está la morena!". *Instituto Sinaloense de Cultura*. 27 de marzo de 2019. http://www.culturasinaloa.gob. mx/index.php?option=com_content&view=article&id=13079:vuelve-a-culiacan -virulo-con-que-buena-esta-la-morena (consulta: 11 de abril de 2020).

Lapeira Casas, José Manuel. "Con humor también se hace Revolución". *La Jiribilla*. XVIII (868), 26 de febrero al 19 de marzo de 2020. http://lajiribilla.cu/articulo/ con-humor-tambien-se-hace-revolucion (consulta: 10 de abril de 2020).

León Jacomino, Fernando. "Una mirada al *Buena Risa Social Club*'. *La Jiribilla*. VIII (419), 16 al 22 de mayo de 2009. http://www.lajiribilla.co.cu:2009/n419_ 05/419_11.html (consulta: 10 de abril de 2020).

León, Carlos. "Virulo. un idealista pragmático". *La Jiribilla*. IV (125), septiembre de 2003. http://www.lajiribilla.co.cu/2003/n125_09/125_04.html (consulta: 14 de abril de 2020).

López Corzo, Elizabeth. "Cuba sí. yanquis ¿qué? Humor made in Virulo". *Cubasi.cu*. 05 de agosto de 2015. http://cubasi.cu/es/cubasi-noticias-cuba-mundo-ultima-hora/item/41979-cuba-si-yanquis-%C2%BFque%3F-humor-made-in-virulo-%2B-fotos-y-video (consulta: 10 de abril de 2020).

López Saldivar, Edelvis. "Inauguran este domingo XXI Festival Nacional del Humor Aquelarre". *Radio Enciclopedia*. 02 de agosto de 2015. https://www.radio enciclopedia.cu/exclusivas/inauguran-este-domingo-xxi-festival-nacional-humor-aquelarre-2015-20150802/ (consulta: 17 de febrero de 2021).

Luzardo, Marino. "Virulo y Ernesto Acher: humor musical". *Suenacubano.com*. 24 de junio de 2014. https://suenacubano.com/news/61130690fba011e3992 03860774f33e8/virulo-y-ernesto-acher-humor-musical/ (consulta: 17 de febrero de 2021).

Neptuno Domínguez, Yoamaris. "Los cubanos somos los mejores del mundo...". *La Jiribilla*. XII (752), 31 de octubre al 06 de noviembre de 2015. http://www.lajiribilla.cu/articulo/los-cubanos-somos-los-mejores-del-mundo (consulta: 11 de abril de 2020).

Noticaribe. "'Virulo' en Playa del Carmen". *Información y análisis desde la Península Maya*. 14 de julio de 2017. https://noticaribe.com.mx/2017/07/14/virulo-en-playa-del-carmen-el-humorista-y-trovador-cubano-triunfa-en-el-teatro-de-la-ciudad-con-burlas-al-pelo-de-donald-trump-y-otras-canciones/ (consulta: 08 de septiembre de 2021).

Notimex. "Artistas humorísticos presentan espectáculo de música y diversión en Tijuana". *20minutos.com.mx*. 23 de febrero de 2017. https://www.20minutos. com.mx/noticia/191244/0/artistas-humoristicos-presentan-espectaculo-de-musica-y-diversion-en-tijuana/ (consulta: 19 de febrero de 2021).

Notimex. "Virulo llega al Foro La Culebra con su show 'Buena risa social club'". *20minutos.com.mx*. 22 de junio de 2018. https://www.20minutos.com.mx/ noticia/386099/0/virulo-llega-al-foro-la-culebra-con-su-show-buena-risa-social-club/ (consulta: 19 de febrero de 2021).

Notimex. "Virulo presentará en México show cómico 'Que buena está la morena'". *Notimex.mx*. 30 de enero de 2019. https://notimex.mx/es/noticia/58192 (consulta: 19 de febrero de 2021).

Peña Pérez, Yanisbel. "Alejandro García ´Virulo´. Premio Nacional de Humor 2014". *Agencia Cubana de Noticias*. 17 de junio de 2014. http://www.acn.cu/ cultura/1997-alejandro-garcia-virulo-premio-nacional-del-humor-2014 (consulta: 10 de abril de 2020).

Peña Pérez, Yanisbel. "Por la izquierda con Alejandro García ´Virulo´". *Agencia Cubana de Noticias*. 21 de febrero de 2016. http://www.acn.cu/cultura/16526 -por-la-izquierda-con-alejandro-garcia-virulo (consulta: 10 de abril de 2020).

Peñalver, Ivón. "Mi compromiso con el humor es y será siempre tratar de ayudar a mis semejantes". *Envivo.icrt.cu*. enero de 2021. http://www.envivo.icrt.cu/mi -compromiso-con-el-humor-es-y-sera-siempre-tratar-de-ayudar-a-mis-semejantes/ (consulta: 22 de febrero de 2021).

Pérez Belette, Leonel Alberto. "Buena Risa Social Club. una manera alternativa de reír". *Cubanet.org.* 09 de mayo de 2009. https://www.cubanet.org/htdocs/CNews/y09/mayo09/15_C_5.html (consulta: 11 de abril de 2020).

Pérez Cabrera, Freddy. "Te doy una canción y digo patria". *Granma.* 13 de enero de 2020. http://www.granma.cu/cultura/2020-01-13/te-doy-una-cancion-y-digo-patria-13-01-2020-22-01-50 (consulta: 10 de abril de 2020).

Pérez Ríos Aldana, Samuel. "Virulo participará el 8 de diciembre en el Trovafest". *Okey Querétaro.* 20 de noviembre de 2019. http://www.okeyqueretaro.mx/virulo-participara-el-8-de-diciembre-en-el-trovafest/ (consulta: 114 de abril de 2020).

Pérez Sáez, Dora. "Alejandro García Virulo: No dejarse engolosinar por la risa". *Juventud Rebelde.* 10 de mayo de 2009. http://www.juventudrebelde.cu/cultura/2009-05-10/alejandro-garcia-virulo-no-dejarse-engolosinar-por-la-risa (consulta: 10 de abril de 2020).

Pérez, Amaury. "Alejandro García Virulo: 'Los humoristas somos gente seria´'". *Cubadebate.cu.* 09 de junio de 2010. http://www.cubadebate.cu/especiales/2010/06/09/alejandro-garcia-virulo-los-humoristas-somos-gente-seria/ (consulta: 10 de abril de 2020).

Pérez, Erwin. "Unos minutos con... Vanito y Kelvis, María Antonieta Collins, Virulo y Emilio Lovera". *El Nuevo Herald.* 29 de diciembre de 2016. https://www.elnuevoherald.com/entretenimiento/revista-viernes/article123596254.html (consulta: 17 de febrero de 2021).

Periódico 15. "Comedia cubana con Virulo". *Periodico15.com.* 14 de septiembre de 2016. https://www.periodico15.com/comedia-cubana-virulo/ (consulta: 17 de febrero de 2021).

Pinelli, Tony. "La Trova Intermedia en Cuba". *Diario Las Américas.* 07 de septiembre de 2017. https://www.diariolasamericas.com/opinion/la-trova-intermedia-cuba-n4131468 (consulta: 17 de febrero de 2021).

Pinelli, Tony. "Mi sobrino Virulo". *Periódico Cubarte.* 27 de octubre de 2016. http://www.cubarte.cult.cu/periodico-cubarte/mi-sobrino-virulo/ (consulta: 10 de abril de 2020).

Pintado, Lea. "Alias: el Rey del Joropo", *Cubacine.cult.cu.* 2019. http://www.cubacine.cult.cu/es/filme/alias-el-rey-del-joropo (consulta: 29 de marzo de 2021).

Piñero, Jorge Alberto. "¡Un buen teatro. un buen humor. cuales quiera que sean las condiciones!". *Dedeté.cu.* 11 de noviembre de 2014. http://dedete.cu/noticias-y-chismes/2014-11-11/un-buen-teatro-un-buen-humor-cuales-quiera-que-sean-las-condiciones/ (consulta: 10 de abril de 2020).

Piñero, Jorge Alberto. "Arte inteligente para una vida elegante". *Juventud Rebelde.* 11 de noviembre de 2014. http://www.juventudrebelde.cu/cultura/2014-11-11/arte-inteligente-para-una-vida-elegante (consulta: 10 de abril de 2020).

Piñero, Jorge Alberto. "Calor: Lluvia Y Humor". *Cubaescena.cult.cu.* 19 de agosto de 2019. http://cubaescena.cult.cu/calor-lluvia-y-humor/ (consulta: 17 de febrero de 2021).

Piñero, Jorge Alberto. "Clase Magistral De Humor A Primer Añejo". *Cubaescena. cult.cu.* 22 de agosto de 2019. http://cubaescena.cult.cu/clase-magistral-de-humor-primer-anejo/ (consulta: 17 de febrero de 2021).

Piñero, Jorge Alberto. "Conjunto Nacional de Espectáculos: Un nuevo sentido al Humor Cubano". *Cubaescena.cult.cu.* 30 de junio de 2020. http://cubaescena. cult.cu/conjunto-nacional-espectaculos-nuevo-sentido-al-humor-cubano/ (consulta: 17 de febrero de 2021).

Piñero, Jorge Alberto. "El bueno. el malo... y Virulo". *Juventud Rebelde.* 22 de julio de 2015. http://www.juventudrebelde.cu/cultura/2015-07-22/el-bueno -el-malo-y-virulo (consulta: 10 de abril de 2020).

Piñero, Jorge Alberto. "El Maestro Carlos Ruiz De La Tejera". *Cubaescena.cult. cu.* 08 de julio de 2020. http://cubaescena.cult.cu/maestro-carlos-ruiz/ (consulta: 17 de febrero de 2021).

Piñero, Jorge Alberto. "Les Luthiers, Em La Escena Cubana". *Cubaescena.cult.cu.* 02 de junio de 2020. http://cubaescena.cult.cu/les-luthiers-la-escena-cubana/ (consulta: 17 de febrero de 2021).

Piñero, Jorge Alberto. "Onondivepa, haciendo historia". *Cubaescena.cult.cu.* 10 de diciembre de 2020. http://cubaescena.cult.cu/onondivepa-haciendo-historia/ (consulta: 17 de febrero de 2021).

Piñero, Jorge Alberto. "Por Una Cultura Auténtica, Sempiterna Y Gigante". *Cubaescena.cult.cu.* 23 de julio de 2019. http://cubaescena.cult.cu/6917-2/ (consulta: 17 de febrero de 2021).

Piñero, Jorge Alberto. "Trabajar. siempre trabajar". *Dedeté.cu.* 05 de octubre de 2017. http://dedete.cu/noticias-y-chismes/2017-10-05/trabajar-siempre-trabajar/ (consulta: 10 de abril de 2020).

Piñero, Jorge Alberto. "Una señal a La Seña De Matanzas". *Cubaescena.cult.cu.* 23 de junio de 2020. http://cubaescena.cult.cu/una-senal-la-sena-matanzas/ (consulta: 17 de febrero de 2021).

Piñero, Jorge Alberto. "Virulo, La Nueva Trova y El Humor". *Cubaescena.cult.cu.* 09 de junio de 2020. http://cubaescena.cult.cu/virulo-la-nueva-trova-humor/ (consulta: 17 de febrero de 2021).

Puma, José. "Buena Risa Social Club. en Cuernavaca". *La Wacha Revoluciona.* 28 de enero de 2011. http://lawacha.blogspot.com/2011/01/buena-risa-social -club-en-cuernavaca.html (consulta: 11 de abril de 2020).

Puyol, Johanna. "Hablo en serio y los demás se ríen". *La Jiribilla.* V (302). 17-23 de febrero de 2007. http://www.lajiribilla.co.cu/2007/n302_02/302_10.html (consulta: 17 de febrero de 2021).

Redacción ACN. "Anuncian condecorados con la Medalla Alejo Carpentier". *Agencia Cubana de Noticias.* 28 de diciembre de 2022. http://www.acn.cu/ cultura/103188-anuncian-condecorados-con-la-medalla-alejo-carpentier (consulta: 31 de diciembre de 2022).

Redacción Cubaescena. "Otro espacio para el debate, con los humoristas". *Cubaescena.cult.cu.* 16 de febrero de 2021. http://cubaescena.cult.cu/espacio -debate-los-humoristas/ (consulta: 17 de febrero de 2021).

Redacción digital. "Concierto hoy en Camagüey de Tony Ávila, Virulo y Jorge Díaz". *Radio Cadena Agramonte.* 28 de julio de 2018. http://www.cadena gramonte.cu/articulos/ver/81090:concierto-hoy-en-camaguey-de-tony-avila- virulo-y-jorge-diaz (consulta: 17 de febrero de 2021).

Redacción El Tiempo. "'La risa caribe', un festival de cinco días en Barranquilla dedicado a la 'mamadera de gallo'". *El Tiempo.* 29 de julio de 2008. https://

www.eltiempo.com/archivo/documento/CMS-4416979 (consulta: 16 de febrero de 2021).

Redacción El Tiempo. "Programación completa del Carnaval de las Artes de Barranquilla". *El Tiempo*. 29 de enero de 2015. https://www.eltiempo.com/archivo/documento/CMS-15166637 (consulta: 16 de febrero de 2021).

Redacción Periódico Sierra Maestra. "Casi dos horas de buen humor en el Heredia con Virulo, Jorge Díaz y Tony Ávila". 06 de agosto de 2018. http://www.sierramaestra.cu/index.php/titulares/21134-casi-dos-horas-de-buen-humor-en-el-heredia-con-virulo-jorge-diaz-y-tony-avila (consulta: 17 de febrero de 2021).

Redacción Vanguardia Liberal. "Virulo. el mejor humorista de Cuba". *Vanguardia*. 08 de junio de 2013. https://www.vanguardia.com/entretenimiento/cultura/virulo-el-mejor-humorista-de-cuba-BAVL211563 (consulta: 10 de abril de 2020).

Redacción. "Virulo presentará su nuevo espectáculo 'Que buena es tá la Morena' en el Bataclán". *Mugsnoticias.com*. 11 de febrero de 2019. https://www.mugsnoticias.com.mx/cultura/virulo-presentara-su-nuevo-espectaculo-que-buena-esta-la-morena-en-el-bataclan/ (consulta: 19 de febrero de 2021).

Ricardo, Amaury. "El humor en la canción cubana de gira nacional". *Radio Cadena Habana*. 31 de julio de 2018. http://www.cadenahabana.icrt.cu/noticias/el-humor-la-cancion-cubana-gira-nacional-video-20180731/ (consulta: 17 de febrero de 2021).

Rodríguez Febles, Ulises. "La seña del humor de Matanzas, según Pepe Pelayo". *Cubaescena.cult.cu*. 15 de septiembre de 2020. http://cubaescena.cult.cu/la-sena-del-humor-matanzas-segun-pepe-pelayo/ (consulta: 17 de febrero de 2021).

Salas, Hilda. "Virulo en Mexicali viene armar fiesta de la risa". *La Crónica*. 21 de febrero de 2003, s.p.

Sánchez Espinosa, Iroel. "Coherencia. santa palabra". *La Pupila Insomne*. 11 de febrero de 2014. https://lapupilainsomne.wordpress.com/2014/02/11/coherencia-santa-palabra/ (consulta: 11 de abril de 2020).

Sánchez Espinosa, Iroel. "El humor de Virulo este viernes en la peña de #LaPupilaTv". *Cubadebate.cu*. 5 de febrero de 2020. http://www.cubadebate.cu/noticias/2020/02/05/el-humor-de-virulo-este-viernes-en-la-pena-de-lapupilatv/ (consulta: 10 de abril de 2020).

Sánchez Espinosa, Iroel. "Hay que portarse bien… con Virulo y Buena Fe de videos, Por Manuel Calviño". *La Pupila Insomne*. 18 de agosto de 2020. https://lapupilainsomne.wordpress.com/2020/08/18/hay-que-portarse-bien-con-virulo-y-buena-fe-videos-por-manuel-calvino/ (consulta: 14 de febrero de 2021).

Sánchez Espinosa, Iroel. "Tarzán de las colas de video y texto, Por Virulo con Kelvis Ochoa". *La Pupila Insomne*. 19 de diciembre de 2020. https://lapupilainsomne.wordpress.com/2020/12/19/tarzan-de-las-colas-video-y-texto-por-virulo/ (consulta: 14 de febrero de 2021).

Sánchez Espinosa, Iroel. "Virulo le canta el Coronavirus… y a Trump: Dale candela de letra y audio". *La Pupila Insomne*. 06 de mayo de 2020. https://lapupilainsomne.wordpress.com/2020/05/06/virulo-le-canta-el-coronavirus-y-a-trump-dale-candela-letra-y-audio/ (consulta: 14 de febrero de 2021).

Sánchez Espinosa, Iroel. "Virulo y Buena Fe contra el rebrote de la #Covid19: 'Pórtate bien'". *La Pupila Insomne*. 11 de agosto de 2020. https://lapupilainsomne.

wordpress.com/2020/08/11/virulo-y-buena-fe-contra-el-rebrote-de-la-covid19-portate-bien-letra-y-video/ (consulta: 14 de febrero de 2021).

Sánchez Espinosa, Iroel. "Virulo: ´Hago un humor básicamente sin groserías. sin vulgaridades. que es un llamado a la inteligencia de la gente". *La Pupila Insomne*. 12 de enero de 2020. https://lapupilainsomne.wordpress.com/2020/01/12/virulo-hago-un-humor-basicamente-sin-groserias-sin-vulgaridades-que-es-un-llamado-a-la-inteligencia-de-la-gente-video/ (consulta: 11 de abril de 2020).

Sánchez, Nelly. "Ríe una multitud con La Tremenda Corte". *Noroeste.com.mx*. 07 de octubre de 2011. https://www.noroeste.com.mx/publicaciones/view/rie-una-multitud-con-la-tremenda-corte-381801 (consulta: 16 de febrero de 2021).

Santos Cabrera, Kaloian. "Exquisito humor a lo Virulo". *Juventud Rebelde*. 10 de noviembre de 2009. http://www.juventudrebelde.cu/cultura/2009-11-10/exquisito-humor-a-lo-virulo (consulta: 10 de abril de 2020).

Seco Pacheco, Laura. "Virulo y lluvia en el Longina". *Vanguardia*. 09 de enero de 2020. http://www.vanguardia.cu/cultura/16228-virulo-y-lluvia-en-el-longina (consulta: 11 de abril de 2020).

Seco Pacheco, Laura. "Virulo: ´El humor funciona como válvula de escape´". *Vanguardia*. 09 de enero de 2020. http://www.vanguardia.cu/cultura/16225-virulo-el-humor-funciona-como-una-valvula-de-escape (consulta: 11 de abril de 2020).

Soto del Sol, Roxana. "Cantautor Virulo inaugura La Luna Naranja santaclareña". *Agencia Cubana de Noticias*. 10 de enero de 2020. http://www.acn.cu/cultura/60020-cantautor-virulo-inaugura-la-luna-naranja-santaclarena (consulta: 10 de abril de 2020).

Steinmander, Fabiana. "´ViruLovera´ un show para reírse en serio". *Diario Las Américas*. 21 de octubre de 2015. https://www.diariolasamericas.com/cultura/virulovera-un-show-reirse-serio-n3410409 (consulta: 17 de febrero de 2021).

UABC. "Virulo y Huizapol inundan con risas y carcajadas Jardín Cultural". *Pregonero de Baja California*. 5 de junio de 2017. http://pregonerobaja.com.mx/2017/06/05/virulo-y-huizapol-inundan-con-risas-y-carcajadas-jardin-cultural/ (consulta: 11 de abril de 2020).

Valdés Giral, Héctor Arturo. "Un Alejandro llamado *Virulo*". *Palante*. 53, 12 de diciembre de 2014, 2.

Valdés Sierra, Alain. "Alejandro García Virulo. Premio Nacional del Humor 2014". *Granma*. 17 de junio de 2014. http://www.granma.cu/cultura/2014-06-17/alejandro-garcia-virulo-premio-nacional-del-humor-2014 (consulta: 10 de abril de 2020).

Valdés Sierra, Alain. "El humor cubano es especial". *Granma*. 27 de junio de 2014. http://www.granma.cu/cultura/2014-06-27/el-humor-cubano-es-especial (consulta: 10 de abril de 2020).

Valdés Sierra, Alain. "Otorgados premios Cubadisco 2016". *Cubarte.cult.cu*. 27 de octubre de 2016. http://www.cubarte.cult.cu/periodico-cubarte/otorgados-premios-cubadisco-2016/ (consulta: 15 de marzo de 2021).

Valdés Sierra, Alain. "Virulo presenta nueva disco ´Por la izquierda´". *Periódico Cubarte*. 27 de octubre de 2016. http://www.cubarte.cult.cu/periodico-cubarte/virulo-presenta-nuevo-disco-por-la-izquierda/ (consulta: 10 de abril de 2020).

Valdés Sierra, Alain. "Virulo. preguntas y un nuevo disco". *Granma*. 06 de agosto de 2015. http://www.granma.cu/cultura/2015-08-06/virulo-preguntas-y-un-nuevo-disco (consulta: 10 de abril de 2020).

Venereo, Ricardo Alonso. "Agosto en movimiento". *Granma*. 01 de agosto de 2018. http://www.granma.cu/cultura/2018-08-01/agosto-en-movimiento-01-08-2018-21-08-17 (consulta: 10 de abril de 2020).

Venereo, Ricardo Alonso. "Ñico Saquito, 'vivo' 120 años después en los músicos y la música cubana". *Granma*. 13 de febrero de 2021. http://www.granma. cu/cultura/2021-02-13/nico-saquito-vivo-120-anos-despues-en-los-musicos-y -la-musica-cubana-video-13-02-2021-13-02-00 (consulta: 16 de febrero de 2021).

Venereo, Ricardo Alonso. "Propuestas culturales: semana del 13 al 20 de diciembre del 2020". *Granma*. 14 de diciembre de 2020. http://www.granma.cu/enterese/ 2020-12-14/propuestas-culturales-semana-del-13-al-20-de-diciembre-del-2020-14-12-2020-11-12-09 (consulta: 16 de febrero de 2021).

Yosmer. "Humor y música con Virulo y Ernesto Acher en el Karl Marx de La Habana". *Agencia Cubana de Noticias*. 25 de junio de 2014. http://www.acn. cu/cultura/2167-humor-y-musica-con-virulo-y-ernesto-acher-en-el-karl-marx (consulta: 10 de abril de 2020).

Zamora, Yolanda. "Virulo y Pancho Madrigal en Morelia". *El Informador*. 06 de septiembre de 2001, 4D.

Fonografía

¡Cuba sí, yanquis ¿qué?! Alejandro García, cantautor. [CD] Discos Pueblo CDDP-1679, 2015.

Chile habanero. Alejandro García, cantautor. [CD] Discos Pueblo CDDP-1270, 2004.

Comes y te vas. Alejandro García, cantautor. [CD] Discos Pueblo CDDP-1400, 2008.

Corridos pendencieros. Alejandro García, cantautor. [CD] Discos Pueblo CDDP-1226, 2002.

Crónicas de la pandemia. Alejandro García, cantautor. [CD] EGREM CD-1819, 2021.

El bueno, el malo y el cubano. Alejandro García, cantautor. [CD] EGREM CD-1295, 2014.

El eslabón perdido. Alejandro García, cantautor. [33 rpm] Areito LD-4459, 1988.

El Génesis según Virulo. Alejandro García, cantautor. [CD] Discos Pueblo CDDP-1222, 2001.

El Infierno según Virulo. Alejandro García, cantautor. [LP] Areito LD-3982, 1982.

El mundo está nuevecito. Alejandro García, cantautor. [CD] Discos Pueblo CDDP-1348, 2007.

El Penetrado Cultural / Los Chevy. Alejandro García, cantautor. [EP] Areito EP-7144, 1973.

El último que ríe es el que piensa más lento. Alejandro García, cantautor. [CD] Discos Pueblo CDDP-1401, 2009.

Festival de la Nueva Trova 1984, 3 vols. Miembros del Movimiento de la Nueva Trova, cantautores. [LP] Areito LD-4241, LD-4242 y LD-4243, 1985.

Furioso cantar de gestos. Alejandro García, cantautor. [CD] Discos Pueblo CDDP-1239, 2003.

Génesis según Virulo. Alejandro García, cantautor. [LP] Areito LD-3866, 1980.

Génesis según Virulo. Alejandro García, cantautor. [LP] Discos NCL LP-0044, 1980.

Génesis según Virulo. Alejandro García, cantautor. [LP] Integra EG-13.045, 1979.

Génesis según Virulo. Alejandro García, cantautor. [LP] Integra EG-40.057, 1986.

Il medio castrato. Alejandro García, cantautor. [CD] Discos Pueblo CDDP-1199, 1999.

Juegos sinfoniquísimos. Alejandro García, cantautor. [CD] Discos Pueblo CDDP-1741, 2016.

La Historia de Cuba. Alejandro García, cantautor. [LP] Areito LD-3741, 1979.

La Historia de Cuba. Alejandro García, cantautor. [LP] Integra EG-13.007, 1979.

La soprano estreñida. Alejandro García, cantautor. [CD] Discos Pueblo CDDP-1181, 1998.

La Trova Su Historia. Autores Varios. [CD] EGREM CD-0905, 2008.

Ñico o el monumento al obrero desconocido / Made in USA. Vicente Feliú y Alejandro García, cantautores. [EP] Areíto EP-6462, 1973.

O.V.N.I. Alejandro García, cantautor. [CD] Discos Pueblo CDDP-1137, 1993.

Por la izquierda. Alejandro García, cantautor. [CD] EGREM CD-1399, 2017.

Sexo, luego existo. Alejandro García, cantautor. [CD] Discos Pueblo CDDP-1151, 1995.

Virulencia modulada. Alejandro García, cantautor. [CD] Discos Pueblo CDDP-1126, 1992.

Virulo… con humor. Alejandro García, cantautor. [LP] Discos NCL LP-0034, 1979.

Welcome Colón. Alejandro García, cantautor. [CD] Discos Pueblo CDDP-1583, 2013.

Materiales audiovisuales

Con Cuba no te metas. Compositor: Alejandro García Virulo. Director: José Manuel García Sánchez. [video streaming] https://www.youtube.com/watch?v=Xit5i dI8TR8 (consulta: 14 de febrero de 2021).

Dale candela. Autor: Alejandro García Virulo. Intérpretes: Virulo y Septeto Nacional "Ignacio Piñeiro". Grabación musical: Iania Velazco y Gioser Rodríguez. [video streaming] https://www.youtube.com/watch?v=MN9UexPvv-g (consulta: 14 de febrero de 2021).

El Ferrocarril. Escenografía, animación, guion y dirección: Modesto García. Música: Alejandro García (Virulo). Canal: Animados ICAIC [video streaming] https://www.youtube.com/watch?v=aNY_A4ZwCUk (consulta: 27 de septiembre de 2021).

El Pararrayos. Guion, animación, dibujo y dirección: Modesto García. Música: Alejandro García (Virulo). Canal: Animados ICAIC [video streaming] https://www.youtube.com/watch?v=Hqnv0jPzhBQ (consulta: 27 de septiembre de 2021).

El Piropo. Producción: Oscar Asensio. Dirección: Luis Felipe Bernaza. Guion: Luis Felipe Bernaza. Fotografía: Jorge Haydú. Edición: Rosa María Carreras. Sonido: Germinal Hernández y Carlos Fernández. Reparto: Erdwin Fernández,

Ana Viña y Alejandro García (Virulo). *Enciclopedia Digital del Audiovisual Cubano*, 1978. https://endac.org/encyclopedia/el-piropo/ (consulta: 27 de septiembre de 2021).

El Tarzán de las colas. Intérpretes: Alejandro García Virulo y Kelvis Ochoa. Dirección: Mildrey Ruiz. Dirección de fotografía: Javier Torres. [video streaming] https://www.youtube.com/watch?v=3ocQt7Nisv0 (consulta: 14 de febrero de 2021).

La autobiografía, según Virulo. Productora: Magaly González. Dirección: Héctor Veitía. Guion: Héctor Veitía. Fotografía: Luis Marzoa. Edición: Gladys Cambre. Sonido: Jerónimo Labrada. Intérpretes: Alejandro García (Virulo), Carlos Ruíz de la Tejera, José R. Cruz, Juan Formell y Los Van Van, Grupo Mayohuacán. *Enciclopedia Digital del Audiovisual Cubano*, 1981. https://endac.org/encyclopedia/la-autobiografia-segun-virulo/ (consulta: 27 de septiembre de 2021).

Los Chevys. Música: Alejandro García Virulo y Grupo Manguaré. Director: Francisco Amat. [video streaming] https://www.youtube.com/watch?v=DIW M3RMoFrI (consulta: 20 de abril de 2021).

Los Negacionistas. Intérpretes: Alejandro García Virulo y Llilena. Dirección: David Rodríguez. [video streaming] https://www.youtube.com/watch?v=0T Po1eeVIfY (consulta: 30 de enero de 2022).

Por la izquierda. Música original: Alejandro García Virulo. Director: Joseph Ros. Actuación especial: Rigoberto Ferrera. [video streaming] https://www.youtube.com/watch?v=0Dk0eMvuaTE (consulta: 14 de febrero de 2021).

Pórtate bien. Intérpretes: Alejandro García Virulo y Buena Fe. Dirección: Ariam Valdés y Claudia Hernández. Producción: Claudia Hernández. [video streaming] https://www.youtube.com/watch?v=ZvPKw3LgXFw (consulta: 14 de febrero de 2021).

Qué era Virulencia Modulada. Canal: Pepe Pláticas. [video streaming] https://www.youtube.com/watch?v=YT6UD6z_kBY (consulta: 22 de febrero de 2021).

Séptimo Sentido 1: "El sentido de una vida", (28 de octubre de 1998), Dirección: Sylvia Briceño, Editor: Francisco García, Producción General: HBO Olé [video streaming] https://vimeo.com/166969629 (consulta: 26 de julio de 2021).

Virulencia Documentada (2017). Dirección: Cutberto Amed Zavala Rosales. Cámara: José Luis Ortega Colín, Michel Uribe Pintor y Germán Méndez Cervantes. Iluminación y Sonido: Michel Uribe Pintor y Desiree Ismene Cisneros Gómez. Diseño Gráfico: José Luis Ortega Colín. [video streaming] https://www.youtube.com/watch?v=_8rXB1k4jcA (consulta: 08 de septiembre de 2021).

Apéndices

1. Inventario de las grabaciones sonoras comerciales (1973-2021) de Alejandro García Villalón *Virulo*[1]

Año de publicación	Título	Soporte documental	Sello discográfico	Número de catálogo	País
1973	*Ñico o El monumento al obrero desconocido / Made in USA*	Extended Play	Areito	EP-6462	Cuba
1973	*El Penetrado Cultural / Los Chevy*	Extended Play	Areito	EP-7144	Cuba
1979	*La Historia de Cuba*	Long Play	Areito	LD-3741	Cuba
1979	*La Historia de Cuba*	Long Play	Integra	EG-13 007	Venezuela
1979	*La Historia de Cuba*	Cassette	Integra	EG-13 008	Venezuela
1979	*Virulo… con humor*	Long Play	Discos NCL	LP-0034	México
1979	*Génesis según Virulo*	Long Play	Areito	LD-3836	Cuba
1979	*Génesis según Virulo*	Long Play	Integra	EG-13 045	Venezuela
1980	*El Génesis según Virulo*	Long Play	Discos NCL	LP-0044	México
1982	*El Infierno según Virulo*	Long Play	Areíto	LD-3932	Cuba
1986	*Génesis según Virulo*	Long Play	Integra	EG-40 057	Venezuela
1987	*Génesis según Virulo*	Long Play	Philips	8323691	Colombia
1988	*El eslabón perdido*	Long Play	Areíto	LD-4459	Cuba
199-	*O.V.N.I.*	Cassette	Discos Pueblo	DPJC-1137	México
1992	*Virulencia modulada*	Compact disc	Discos Pueblo	CDDP-1126	México
1993	*O.V.N.I.*	Compact disc	Discos Pueblo	CDDP-1137	México
1995	*Sexo, luego existo*	Compact disc	Discos Pueblo	CDDP-1151	México
1998	*La soprano estreñida*	Compact disc	Discos Pueblo	CDDP-1181	México
1999	*Il medio castrato*	Compact disc	Discos Pueblo	CDDP-1199	México
2001	*El Génesis según Virulo*	Compact disc	Discos Pueblo	CDDP-1222	México
2002	*Corridos pendencieros*	Compact disc	Discos Pueblo	CDDP-1226	México

---

[1] Para la elaboración del inventario se siguieron los criterios propuestos por Luca Chiantore, Áurea Domínguez y Sílvia Martínez, "9. Documentos sonoros y audiovisuales", En *Escribir sobre música*. 2da ed. (Barcelona: Musikeon Books, 2018), 209-220.

2003	*Furioso cantar de gestos*	Compact disc	Discos Pueblo	CDDP-1239	México
2004	*Chile habanero*	Compact disc	Discos Pueblo	CDDP-1270	México
2007	*El mundo está nuevecito*	Compact disc	Discos Pueblo	CDDP-1348	México
2008	*Comes y te vas*	Compact disc	Discos Pueblo	CDDP-1400	México
2009	*El último que ríe es el que piensa más lento*	Compact disc	Discos Pueblo	CDDP-1401	México
2013	*Welcome Colón*	Compact disc	Discos Pueblo	CDDP-1583	México
2014	*El bueno, el malo y el cubano*	Compact disc	EGREM	CD-1295	Cuba
2015	*¡Cuba sí, yanquis ¿qué?!*	Compact disc	Discos Pueblo	CDDP-1679	México
2016	*Juegos sinfoniquísimos*	Compact disc	Discos Pueblo	CDDP-1741	México
2017	*Por la izquierda*	Compact disc	EGREM	CD-1399	Cuba
2021	*Crónicas de la Pandemia*	Compact disc	EGREM	CD-1819	Cuba

2. Catálogo de las grabaciones sonoras comerciales (1992-2021) de Alejandro García Villalón *Virulo*[2]

Número de Catálogo: CDDP – 1126.

4.1 Título: Virulencia modulada.

4.2 Mención de Responsabilidad: Letra y Música: A.[lejandro] García Virulo.

4.3 Producción.

4.3.1 Lugar: [México].

4.3.2 Nombre del productor: Difusora del Folklore S.A.

4.3.3. Fecha de producción: [noviembre/1991].

 Fecha de grabación: ---

 Fecha de publicación: [1992].

4.4 Descripción Física.

4.4.1.1 Formato del soporte: 1 disco compacto.

4.4.1.2 Duración: 00:48:03.

4.4.1.3 Soporte: policarbonato.

4.4.2.2 Formato de archivo: *.wma

4.4.2.3 Velocidad de transmisión: 128 kbps.

4.5 Serie o proyecto: Discos Pueblo.

4.6 Notas.

4.6.1 Notas Generales: [En Folleto] Títulos y letras del Contenido. / [En Folleto] Daniel G. Dueñas (fragmento de "Los Motivos del Muérdago", o la búsqueda de Virulo.) / [En Folleto] Grabado en Publiservicios S.A.

4.6.2 Contenido: Vanas ilusiones (03:27) -- Antibolero (03:27) -- Amigos (03:25) -- Canción al minuto (04:07) -- Porque siempre a mi me pasa? (04:54) — Amor a primer añejo (05:08) -- Cuando yo nací (04:40) -- Rosa Dennis (04:16) -- El colibrí (05:01) -- El cantor protesta (03:55) -- Apláudame (05:50).

4.6.3 Créditos: técnico de grabación, Tato; fotos, José Suárez Soler.

4.6.4 Participantes: dirección musical, Eduardo Corzo; arreglos musicales, Eduardo Corzo; colaboración en arreglos musicales, Leo Pimentel; teclados sax, clarinete y programación midi, Eduardo Corzo; percusiones, Leo Pimentel; voz y guitarra, A. García Virulo; coros y voces, Leo Pimentel y Eduardo Corzo; voces en "Vanas Ilusiones", Leo Pimentel y A. García Virulo.

4.6.5 Duración Grabación: 00:46:10.

4.6.6 Idioma: Español.

4.6.7 Original: De producción.

4.6.8 Condiciones de acceso: Spotify; Apple Music; Youtube.com; Amazon Music.

4.6.9 Lenguajes controlados y libres

4.7 Tema o palabra clave: Cuba; Virulo; Humor.

4.7.1 Género musical: Canción.

---

[2] Para la elaboración del catálogo se adecuaron los campos descriptivos propuestos en la Norma Mexicana NMX-R-002-SCFI-2011 sobre Documentos Fonográficos – Lineamientos para su catalogación.

Número de Catálogo: CDDP – 1137.

4.1 Título: OVNI Objeto Virulento No Identificado.

4.2 Mención de Responsabilidad: Letra y Música: Alejandro García Virulo.

4.3 Producción.

4.3.1 Lugar: [México].

4.3.2 Nombre del productor: Difusora del Folklore S.A.

4.3.3. Fecha de producción: ---

Fecha de grabación: ---

Fecha de publicación: [1993].

4.4 Descripción Física.

4.4.1.1 Formato del soporte: 1 disco compacto.

4.4.1.2 Duración: 00:41:02

4.4.1.3 Soporte: policarbonato.

4.4.2.2 Formato de archivo: *.wma

4.4.2.3 Velocidad de transmisión: 128 kbps.

4.5 Serie o proyecto: Discos Pueblo.

4.6 Notas.

4.6.1 Notas Generales: [En Folleto] A IANIA (con todo mi amor) / [En Folleto] [Notas discográficas]. / [En Folleto] AGRADECIMIENTOS A IANIA y CECILIA por su ayuda en todo momento. A PEPE AVILA por su cooperación en la materialización de este proyecto. A DAVID BAKSHT por su generosidad y su amistad. / [En Folleto] CRÉDITOS. / [En Folleto] Canciones y Texto. Todos de Alejandro García (Virulo).

4.6.2 Contenido: A la derecha de Alfa Centauro... (05:37) -- Encuentro cercano de cierto tipo (03:36) -- Mentiras telepáticas (04:18) -- Un nuevo ritmo para la galaxia (03:48) -- Espacio Interno (03:46) -- En donde se cuenta de cómo la humanidad se reunió, discutió, se puso de acuerdo, involucionó y finalmente fue feliz viviendo de cabeza (19:56).

4.6.3 Créditos: dirección musical, Alejandro García; producción, Alejandro García; auxiliar artístico, Alejandro Lucas; grabación y mezcla, Tato; diseño de portada, Modesto García; Foto, Iania Velasco.

4.6.4 Participantes: arreglos musicales, Eduardo Corzo, Leoginaldo Pimentel, Manuel González Loyola; programación midi, Eduardo Corzo, Manuel González Loyola; teclados, Eduardo Corzo, Manuel González Loyola, Jorge Aragón; percusiones, Leoginaldo Pimentel, Rolando Valdez; voces, Alejandro García (Virulo).

4.6.5 Duración Grabación: 00:39:41.

4.6.6 Idioma: Español.

4.6.7 Original: De producción.

4.6.8 Condiciones de acceso: ---

4.6.9 Lenguajes controlados y libres

4.7 Tema o palabra clave: Virulo.

4.7.1 Género musical: Canción.

Número de Catálogo: CDDP – 1151.

4.1 Título: Sexo luego existo.

4.2 Mención de Responsabilidad: Letra y Música: Alejandro García Virulo.

4.3 Producción.

4.3.1 Lugar: Teatro Nacional de Cuba.

4.3.2 Nombre del productor: Difusora del Folklore S.A.

4.3.3. Fecha de producción: [noviembre/1994].

Fecha de grabación: ---

Fecha de publicación: [1995].

4.4 Descripción Física.

4.4.1.1 Formato del soporte: 1 disco compacto.

4.4.1.2 Duración: ---

4.4.1.3 Soporte: policarbonato.

4.4.2.2 Formato de archivo: *.wma

4.4.2.3 Velocidad de transmisión: 128 kbps.

4.5 Serie o proyecto: Discos Pueblo.

4.6 Notas.

4.6.1 Notas Generales: ---

4.6.2 Contenido: ¿Pito o pipi? (09:06) -- Menos mal que naciste en occidente (04:20) -- ...Érase un Muchacho (04:47) -- Esa Vecina (07:13) -- Mujer Perjura (06:01) -- Flor de Té (04:42) -- No me olvidarás, mujer (04:37) -- Las mil y una flautas (05:29) -- Latin Lover (05:45) -- El charro chaparro (05:41) -- Amigos (05:36).

4.6.3 Créditos: producción, Alejandro García (Virulo); grabación, Tony Carreras; foto, Jessy.

4.6.4 Participantes: arreglos y programación midi, Alejandro García, Leoginaldo Pimentel, Eduardo Corzo; operador de programación, Alejandro Lucas; baterías y voces, Leoginaldo Pimentel; percusión cubana, Rolando Valdez; voz, Alejandro García Virulo.

4.6.5 Duración Grabación: 01:01:17.

4.6.6 Idioma: Español.

4.6.7 Original: De producción.

4.6.8 Condiciones de acceso: Spotify; Apple Music; Youtube.com; Amazon Music.

4.6.9 Lenguajes controlados y libres

4.7 Tema o palabra clave: Sexualidad; Humor.

4.7.1 Género musical: Canción.

Número de Catálogo: CDDP – 1181.

4.1 Título: La soprano estreñida.

4.2 Mención de Responsabilidad: Letra y Música: Alejandro García Virulo.

4.3 Producción.

4.3.1 Lugar: La Peña Cuicacalli: Guadalajara, Jalisco, México.

4.3.2 Nombre del productor: Difusora del Folklore S.A.

4.3.3. Fecha de producción: ---
Fecha de grabación: febrero / 1998.
Fecha de publicación: [1998].

4.4 Descripción Física.

4.4.1.1 Formato del soporte: 1 disco compacto.

4.4.1.2 Duración: 00:57:31.

4.4.1.3 Soporte: policarbonato.

4.4.2.2 Formato de archivo: *.wma

4.4.2.3 Velocidad de transmisión: 128 kbps.

4.5 Serie o proyecto: Discos Pueblo.

4.6 Notas.

4.6.1 Notas Generales: [En Folleto] Grabado en vivo en febrero 1998 en "La Peña Cuicalli", Guadalajara, Jalisco, México. / [En Folleto] Masterizado en Estudios "Bambú", México, D.F. / [En Folleto] Todos los textos son de Alejandro García Virulo. / [En Folleto] Agradecimientos: A mis queridos amigos Werner Kleiner y a su esposa María Eugenia que hicieron posible este disco.

4.6.2 Contenido: Obertura e Introducción (02:19) -- 1er Acto: "La Soprano Estreñida (02:52) -- Ave María, sin Ave y sin María (03:25) -- 3er. Acto: Allegreto Aliavanato (03:30) -- Introducción al Stripe Tease (01:31) -- Stripe Tease (03:16) -- Introducción al Agujero Negro (01:30) -- Un Agujero Negro en el bolsillo (04:43) -- Introducción al Vampiro Rumano (01:16) -- El Vampiro Rumano (03:39) -- Introducción al Culto Satánico (00:58) -- Rock Satánico (03:09) -- Introducción al Narco-Corrido (01:35) -- Narco-Corrido (04:52) -- Introducción a la Telenovela (01:31) -- Telenovela Familiar (05:50) -- Introducción a la Post-Modernidad (01:41) -- El Cantor Post-Moderno (03:12) -- Despedida y Presentación (01:06) -- Apláudame (07:17).

4.6.3 Créditos: ingeniero de sonido en el estudio, Tato; foto, Evelyn Flores.

4.6.4 Participantes: voz y guitarras, Alejandro García Virulo; guitarras, Fernando Andrade; percusiones, Emiliano Huerta; operador midi y teclados, Alejandro Lucas; arreglos musicales, Alejandro García Virulo, Jorge Aragón, Eduardo Corzo, Leo Pimentel; programación midi, Alejandro García Virulo, Eduardo Corzo.

4.6.5 Duración Grabación: 00:55:12.

4.6.6 Idioma: Español.

4.6.7 Original: De producción.

4.6.8 Condiciones de acceso: Spotify; Apple Music; Youtube.com; Amazon Music.

4.6.9 Lenguajes controlados y libres

4.7 Tema o palabra clave: Virulo; Soprano; Humor.

4.7.1 Género musical: Canción.

Número de Catálogo: CDDP – 1199.

4.1 Título: Il medio castrato.

4.2 Mención de Responsabilidad: Letra y Música: Alejandro García Virulo.

4.3 Producción.

4.3.1 Lugar: Sala Silvestre Revueltas: Conjunto Cultural Ollin Yoliztji de Ciudad de México.

4.3.2 Nombre del productor: Difusora del Folklore S.A.

4.3.3. Fecha de producción: 1999.

Fecha de grabación: 30/abril/1999.

Fecha de publicación: [1999].

4.4 Descripción Física.

4.4.1.1 Formato del soporte: 1 disco compacto.

4.4.1.2 Duración: 00:54:33.

4.4.1.3 Soporte: policarbonato.

4.4.2.2 Formato de archivo: *.wma

4.4.2.3 Velocidad de transmisión: 128 kbps.

4.5 Serie o proyecto: Discos Pueblo.

4.6 Notas.

4.6.1 Notas Generales: [En Folleto] La programación de los teclados en "Cuplé geográfico", "Pélate Rapunzel", "De cómo el minué se convirtió en danzón", y "A gozar que el mundo se va a acabar", fue ejecutada por Rocío García. / [En Folleto] Agradecimientos: Alejandro Aura, Instituto de la Cultura de la Ciudad de México, Crisanto Cacho, Mónica Villa, Marcial Fernández, Jonathan y sus amigos, Santiago Pérez, Tonatiuh Soley, Mariana Velasco y Modesto García. / [En Folleto] [Sobre los arreglos] *Excepto en "Antibolero", que el arreglo es de Leo Pimentel y Eduardo Corzo.

4.6.2 Contenido: Obertura (02:10) -- Prólogo (01:54) -- Diario de Viaje (00:44) -- Cuplé geográfico (01:26) -- Diario de Viaje II (01:41) -- Chachachá esquimal (01:05) -- Diario de Viaje III (00:51) -- Serenata Boreal (00:56) -- Diario de Viaje IV (01:05) -- Las (4 menos 3) estaciones (01:07) -- Diario de Viaje V (02:27) -- Home sweet Home (01:22) -- Konstantin en la flor de la edad (01:26) -- Agencia matrimonial (03:21) -- Konstantin y la momia (02:13) -- El exhibicionista (02:32) -- Konstantin y el reverendo Peter O'Sullivan (02:13) -- Il medio castrato (03:17) -- Ludovico Cappelli di Angeli y la Wagner Brothers (01:39) -- Pélate Rapunzel (02:56) -- Ludovico Cappelli di Angeli pierde media tesitura (02:02) -- De cómo el minué se convirtió en danzón (02:20) -- Konstantin y la astronomía (03:02) -- Antibolero (03:45) -- Konstantin y el grupo Armagedon (03:39) -- A gozar que el mundo se va a acabar (04:51).

4.6.3 Créditos: ingeniero de grabación, Tato; masterización, Estudios Bambú, México, D.F.; ingeniero de sonido en sala, Marcos Deli; producción en sala, Iania Velasco, Cecilia Montante; producción en el estudio, Alejandro García Virulo; diseño de arte, Astrid Velasco, Iania Velasco, Virulo; fotografía, Juan René Palacios.

4.6.4 Participantes: guitarra acústica, arreglos, programación midi, composición, textos y voz, Alejandro García, Virulo; coros y percusiones, Enrique Ocaña; batería y percusión cubana, Rolando Valdés; guitarra eléctrica y coros, Fernando Andrade; controladores midi, Alejandro Lucas.

4.6.5 Duración Grabación: 00:51:24.

4.6.6 Idioma: Español.

4.6.7 Original: De producción.

4.6.8 Condiciones de acceso: Spotify; Apple Music; Youtube.com; Amazon Music.

4.6.9 Lenguajes controlados y libres

4.7 Tema o palabra clave: Konstantin; Humor.

4.7.1 Género musical: Canción.

Número de Catálogo: CDDP – 1222.

4.1 Título: Génesis Según Virulo: nueva versión grabada en vivo.

4.2 Mención de Responsabilidad: Letra y Música: Alejandro García Virulo.

4.3 Producción.

4.3.1 Lugar: Auditorio Javier Barros Sierra: Universidad [Nacional] Autónoma de México.

4.3.2 Nombre del productor: Difusora del Folklore S.A.

4.3.3. Fecha de producción: ---

Fecha de grabación: 08/julio/2001.

Fecha de publicación: [2001].

4.4 Descripción Física.

4.4.1.1 Formato del soporte: 1 disco compacto.

4.4.1.2 Duración: 00:53:20.

4.4.1.3 Soporte: policarbonato.

4.4.2.2 Formato de archivo: *.wma

4.4.2.3 Velocidad de transmisión: 128 kbps.

4.5 Serie o proyecto: Discos Pueblo.

4.6 Notas.

4.6.1 Notas Generales: [En Folleto] Quiero agradecer por su música a todos los compositores populares de Cuba y Latinoamérica que cito en mi obra, gracias, muchísimas gracias y que Dios, esté donde esté, los bendiga. Virulo. / [En Contraportada] Representante de VIRULO para Latinoamérica: Orlando Montiel tel: 582122860078 E-mail montiel@orlandomontiel.com

4.6.2 Contenido: Obertura (02:25) -- Donde se explica cómo comenzó todo (01:56) -- Donde empieza (Adán y Eva) (06:37) -- El primer drama psicológico (01:46) -- Abelito (04:13) -- Caín (05:20) -- ¡Todos somos hermanos! (01:34) -- Matusalén, hoy alegre y mañana también (02:05) -- El Arca de Noé (07:47) -- Nuevos métodos de control demográfico (01:08) -- Sodoma y Gomorra (06:24) -- Después de tantas calamidades (00:39) -- La Torre de Babel (08:49) -- El agujero negro (02:43).

4.6.3 Créditos: sonido, grabación en vivo, mezclo, edición y masterización, Iania Velasco; iluminación de portada, Modesto García; diseño gráfico, Iania [Velasco], Virulo [Alejandro García].

4.6.4 Participantes: voces y guitarras, Alejandro García; percusiones, Rolando Valdés; controles midi, Alejandro Lucas; acompañamiento, Orquesta Emulación Socialista; arreglos musicales, Alejandro García, Eduardo Gorzo, Leo Pimentel; programación midi, Alejandro García, Eduardo Corzo.

4.6.5 Duración Grabación: 00:50:04.

4.6.6 Idioma: Español.

4.6.7 Original: De producción.

4.6.8 Condiciones de acceso: Spotify; Apple Music; Youtube.com; Amazon Music.

4.6.9 Lenguajes controlados y libres

4.7 Tema o palabra clave: Génesis; Biblia; Humor.

4.7.1 Género musical: Canción.

Número de Catálogo: CDDP – 1226.

4.1 Título: Corridos pendencieros.

4.2 Mención de Responsabilidad: ---

4.3 Producción.

4.3.1 Lugar: El León de Mecenas: Morelia, Michoacán, México.

4.3.2 Nombre del productor: Difusora del Folklore S.A.

4.3.3. Fecha de producción: [abril/2002].

Fecha de grabación: 30-31/julio/2001.

Fecha de publicación: 2002.

4.4 Descripción Física.

4.4.1.1 Formato del soporte: 1 disco compacto.

4.4.1.2 Duración: 00:44:39.

4.4.1.3 Soporte: policarbonato.

4.4.2.2 Formato de archivo: ---

4.4.2.3 Velocidad de transmisión: ---

4.5 Serie o proyecto: Discos Pueblo.

4.6 Notas.

4.6.1 Notas Generales: [En Discogs] Esta grabación se realizó durante la presentación de Pancho Madrigal y Virulo del espectáculo: CORRIDOS DE TODOS LADOS, en la peña El León de Mecenas en la ciudad de Morelia los días 30 y 31 de Julio del año 2001 por: Aurika Records.

4.6.2 Contenido: Presentación (01:08) -- Corrido del terrible y nunca visto acontecimiento del duelo de miradas, manotazos y aguantadas de resuello de dos valientes borrachos (15:00) -- Segunda Presentación (00:55) -- Corrido de Don Nabor García (14:19) -- Tercera Presentación (00:42) -- Corrido de la saxofona (O El Rapto de las Vllanas) (12:27).

4.6.3 Créditos: técnico de grabación, Tato; fotos, José Suárez Soler.

4.6.4 Participantes: dirección musical, Eduardo Corzo; arreglos musicales, Eduardo Corzo; colaboración en arreglos musicales, Leo Pimentel; teclados sax, clarinete y programación midi, Eduardo Corzo; percusiones, Leo Pimentel; voz y guitarra, A. García Virulo; coros y voces, Leo Pimentel y Eduardo Corzo; voces en "Vanas Ilusiones", Leo Pimentel y A. García Virulo.

4.6.5 Duración Grabación: 00:43:51.

4.6.6 Idioma: Español.

4.6.7 Original: ---

4.6.8 Condiciones de acceso: Spotify; Apple Music; Youtube.com; Amazon Music.

4.6.9 Lenguajes controlados y libres

4.7 Tema o palabra clave: Corridos; México; Cuba.

4.7.1 Género musical: Canción.

Número de Catálogo: CDDP – 1239.

4.1 Título: Furioso cantar de gestos.

4.2 Mención de Responsabilidad: Letra y Música: Alejandro García Virulo.

4.3 Producción.

4.3.1 Lugar: [México].

4.3.2 Nombre del productor: Difusora del Folklore S.A.

4.3.3. Fecha de producción: [marzo/2003].

Fecha de grabación: diciembre/2002.

Fecha de publicación: 2003.

4.4 Descripción Física.

4.4.1.1 Formato del soporte: 1 disco compacto.

4.4.1.2 Duración: 00:40:56.

4.4.1.3 Soporte: policarbonato.

4.4.2.2 Formato de archivo: *.wma

4.4.2.3 Velocidad de transmisión: 128 kbps.

4.5 Serie o proyecto: Discos Pueblo.

4.6 Notas.

4.6.1 Notas Generales: [En Folleto] [Letra de "La Navaja en la Mano"]. / [En Folleto] Diccionario de la Real Academia de la Lengua Cubana [con definiciones de: canina, cuando me insulto, curralo, "En Colón no hay azoteas", fenómeno elemental, fiñe, fuca, guapo, guapo, hablar en plata, jevas, jurao, nananina, palo, rufa y tacos]. / [En Folleto] Quiero dedicar este disco a la memoria de mi amigo Alfredo Carol, humorista, trovador y poeta, que sigue regalándonos su alegría. Virulo / [En Contraportada] Este disco se grabó en diciembre de 2002 en los estudios de Aurika Records. / [En Contraportada] Correo electrónico de VIRULO vonsauerkraut@yahoo.com.

4.6.2 Contenido: Con la navaja en la mano (04:29) -- Introducción a la lengua cubana (00:19) -- Ahora tengo un amol (01:11) -- Sobre la violación (01:19) -- La pobre de Irasema (03:37) -- Sobre el despecho (01:15) -- La otra mejilla (02:32) -- Sobre los piropos (00:58) -- La exterminadora (02:33) -- Sobre los autodestructivos (00:45) -- Ni conmigo ni sin mí (03:30) -- Sobre los sadomasoquistas (01:22) -- Sadomasoquista (02:49) -- Introducción a la reunión de la ONUS (00:40) -- Por la Paz y el desarme (10:16) -- Cavilaciones cósmicas (00:22) -- Pobres Marcianos (03:07).

4.6.3 Créditos: grabación y masterización, Iania Velasco Montante; mezcla, Iania Velasco Montante, Alejandro García; producción, Iania V.M. y Alejandro García; asesoría creativa, Iania Velasco Montante.

4.6.4 Participantes: arreglos musicales, Alejandro García, Manuel González Loyola; programaciones midi, Alejandro García, Manuel González Loyola; guitarras, Alejandro García; percusiones, Rolando Valdés.

4.6.5 Duración Grabación: 00:38:24.

4.6.6 Idioma: Español.

4.6.7 Original: De producción.

4.6.8 Condiciones de acceso: Spotify; Apple Music; Youtube.com; Amazon Music.

4.6.9 Lenguajes controlados y libres

4.7 Tema o palabra clave: Furioso; Virulo.

4.7.1 Género musical: Canción.

Número de Catálogo: CDDP – 1270.

4.1 Título: Chile Habanero.

4.2 Mención de Responsabilidad: Letra y Música: [Alejandro García] Virulo.

4.3 Producción.

4.3.1 Lugar: [México].

4.3.2 Nombre del productor: Difusora del Folklore S.A.

4.3.3. Fecha de producción: [junio/2004].

Fecha de grabación: noviembre/2003.

Fecha de publicación: 2004.

4.4 Descripción Física.

4.4.1.1 Formato del soporte: 1 disco compacto.

4.4.1.2 Duración: 00:34:28.

4.4.1.3 Soporte: policarbonato.

4.4.2.2 Formato de archivo: *.wma

4.4.2.3 Velocidad de transmisión: 128 kbps.

4.5 Serie o proyecto: Discos Pueblo.

4.6 Notas.

4.6.1 Notas Generales: [En Portada] Incluye: "María Cristina", con Ñico Saquito. / [En Folleto] Letras del Contenido. / [En Contraportada] Grabado en noviembre de 2003 en el estudio de Aurika Records. / [En Contraportada] Agradecemos a los estudios EGREM la gentileza de permitirnos utilizar la grabación a dúo de Ñico Saquito y Virulo.

4.6.2 Contenido: Lo que le pasó a Nyerere (01:56) -- La aventura de la dentadura (03:03) -- 28 de Enero (02:52) -- Puro Cubano (03:17) -- El Hormiguero (03:22) -- Zumbado es mi amigo (03:26) -- Amor a primer añejo (05:06) -- ¡Que bueno está Camagüey! (03:55) -- Chile habanero (03:36) -- María Cristina (03:37).

4.6.3 Créditos: grabación, producción y diseño, Iania Velasco Mon[tate]; caricatura, Alberto Morales Aju[ber].

4.6.4 Participantes: guitarras y voces, Alejandro García Virulo; tres, Felipe Acevedo; trompetas, Martín Ecoyé; percusiones, [Rolando] Valdés; arreglos y pro[gramación midi], Virulo.

4.6.5 Duración Grabación: 00:32:10.

4.6.6 Idioma: Español.

4.6.7 Original: De producción.

4.6.8 Condiciones de acceso: Spotify; Apple Music; Youtube.com; Amazon Music.

4.6.9 Lenguajes controlados y libres

4.7 Tema o palabra clave: Chile; Cuba; Humor.

4.7.1 Género musical: Canción.

Número de Catálogo: CDDP – 1348.

4.1 Título: El mundo está nuevecito.

4.2 Mención de Responsabilidad: Letra y Música: Alejandro García [Virulo].

4.3 Producción.

4.3.1 Lugar: [México].

4.3.2 Nombre del productor: Difusora del Folklore S.A.

4.3.3. Fecha de producción: [mayo/2007].

Fecha de grabación: febrero/2007.

Fecha de publicación: [2007].

4.4 Descripción Física.

4.4.1.1 Formato del soporte: 1 disco compacto.

4.4.1.2 Duración: 00:54:08.

4.4.1.3 Soporte: policarbonato.

4.4.2.2 Formato de archivo: *.wma

4.4.2.3 Velocidad de transmisión: 128 kbps.

4.5 Serie o proyecto: Discos Pueblo.

4.6 Notas.

4.6.1 Notas Generales: [En Folleto] Letras de los cuentos del Contenido. / [En Folleto] Se terminó de grabar en el estudio de Autika Records en Febrero de 2007. / Todas las canciones (letra y música) son de la autoría de Alejandro García. Todos los cuentos son de la autoría de Alejandro García menos "Un mundo nos' vigila...", escrito en colaboración con Jorge Guerra. / [En Folleto] Este disco lo dedico a Iania, por todo su amor, y a mis tres hijos: Rocío, Sebastián y Emiliano. Los quiero mucho. Virulo. / [En Contraportada] MUY IMPORTANTE: Este fonograma es un producto intelectual protegido a favor de sus autores. [...].

4.6.2 Contenido: El colibrí (04:58) -- El bebé cosmonauta (cuento, para Sebastián) (02:09) -- El mundo está nuevecito (para Sebastián) (03:26) -- Caro Caruso (cuento) (02:59) -- La flor, el viento, la mariposa, el río, los peces voladores, la sirena y yo (04:18) -- El caparazón del cangrejo (cuento) (04:32) -- El pez plateado (05:11) -- Un átomo pacifista (cuento) (02:34) -- La Espiroqueta pálida (01:50) -- El agujero negro (cuento) (01:47) -- Yo era más feliz (04:13) -- Un mundo nos vigila, otro nos entretiene, y un Marciano me roba la cartera (cuento) (03:00) -- El Rap interplanetario (03:00) -- Rosa Dennise (en vivo, para Rocía) (10:11).

4.6.3 Créditos: producción y dirección artística, Alejandro García; grabación y mezcla, Alejandro García y Freddy Pérez; fotos y diseño de portada, Iania Velasco y Alejandro García.

4.6.4 Participantes: arreglos musicales, Freddy Pérez; guitarras, Freddy Perez y Alejandro García (Virulo); bajo, Freddy Pérez; flauta, Reinaldo Perez (El Bola); metales, Martín Ecoyé; percusiones, Rolando Valdés; violín y viola, Francisco Buendía; chelo, Elena Ortega; contrabajo, Serafín Núñez; voz, Alejandro García (Virulo); segunda voz y coro, Freddy Pérez.

4.6.5 Duración Grabación: 00:52:08.

4.6.6 Idioma: Español.

4.6.7 Original: De producción.

4.6.8 Condiciones de acceso: Spotify; Apple Music; Youtube.com; Amazon Music.

4.6.9 Lenguajes controlados y libres

4.7 Tema o palabra clave: Mundo; Nuevo; Virulo.

4.7.1 Género musical: Canción.

Número de Catálogo: CDDP – 1400.

4.1 Título: Comes y te vas.

4.2 Mención de Responsabilidad: Letra y Música: Alejandro García Virulo.

4.3 Producción.

4.3.1 Lugar: Universidad Nacional Autónoma de México.

4.3.2 Nombre del productor: Difusora del Folklore S.A.

4.3.3. Fecha de producción: mayo/2008.

Fecha de grabación: abril/2007.

Fecha de publicación: 2008.

4.4 Descripción Física.

4.4.1.1 Formato del soporte: 1 disco compacto.

4.4.1.2 Duración: 00:47:06.

4.4.1.3 Soporte: policarbonato.

4.4.2.2 Formato de archivo: *.wma

4.4.2.3 Velocidad de transmisión: 128 kbps.

4.5 Serie o proyecto: Discos Pueblo.

4.6 Notas.

4.6.1 Notas Generales: [En Folleto] Se grabó en la UNAM en Abril de 2007. México, DF y se terminó en el estudio de Aurika Records en México, DF en 2007. Se mezcló en La Habana, Cuba en el estudio de Aurika Records en Mayo de 2008. / [En Contraportada] MUY IMPORTANTE: Este fonograma es una obra intelectual protegida a favor de su productor Difusora del Folklore. S.A. Discos Pueblo. Derechos Reservados. Se prohíbe su copia parcial o total, aún de carácter privado.

4.6.2 Contenido: Presentación (01:06) -- Chile Habanero (03:41) -- Presentación de "El mole", (04:27) -- El mole (03:10) -- Presentación de "El charro chaparro", (02:52) -- El charro chaparro (03:29) -- Presentación de "El narco corrido",(01:36) -- El narco corrido (04:03) -- Presentación de "La otra mejilla", (02:25) -- La otra mejilla (03:20) -- Presentación de "Reality Show", (01:49) -- El Reality Show (03:24) -- Presentación del Mala Vista Social Club (01:15) -- El Mala Vista Social Club (03:00) -- Presentación del desafuero (00:41) -- El bolero del desafuero (03:15) -- Comes y te vas (03:30).

4.6.3 Créditos: producción, Alejandro García, Iania Velasco; grabación, Freddy Pérez, Alejandro García; mezcla y edición, Alejandro García, Freddy Pérez; grabación en vivo, Rocío García.

4.6.4 Participantes: arreglos, Freddy Pérez, Alejandro García; voces y guitarra, Alejandro García Virulo; voces, guitarra, bajo, tres y guitarra midi, Freddy Pérez; voces y percusiones, Rolando Valdés; trompetas, Martín Ecoye; violines, Rolando Morejón.

4.6.5 Duración Grabación: 00:44:23.

4.6.6 Idioma: Español.

4.6.7 Original: De producción.

4.6.8 Condiciones de acceso: Spotify; Apple Music; Youtube.com; Amazon Music.

4.6.9 Lenguajes controlados y libres

4.7 Tema o palabra clave: Cuba; México; Humor.

4.7.1 Género musical: Canción.

Número de Catálogo: CDDP – 1401.

4.1 Título: El último que ríe es el que piensa más lento.

4.2 Mención de Responsabilidad: Letra y Música: Alejandro García Virulo.

4.3 Producción.

4.3.1 Lugar: UNAM.

4.3.2 Nombre del productor: Difusora del Folklore S.A.

4.3.3. Fecha de producción: mayo/2008.

Fecha de grabación: abril/2007.

Fecha de publicación: 2009.

4.4 Descripción Física.

4.4.1.1 Formato del soporte: 1 disco compacto.

4.4.1.2 Duración: 00:39:02.

4.4.1.3 Soporte: policarbonato.

4.4.2.2 Formato de archivo: *.wma

4.4.2.3 Velocidad de transmisión: 128 kbps.

4.5 Serie o proyecto: Discos Pueblo.

4.6 Notas.

4.6.1 Notas Generales: [En Folleto] Se grabó en la UNAM en Abril del 2007. México, D.F. / [En Folleto] Se terminó en el estudio de Aurika Records en México, D.F. 2007 / [En Folleto] Se mezcló y editó en La Habana Cuba en el estudio de Aurika Records en Mayo de 2008 / [En Folleto] Contacto: virulo@prodigy.net.mx y virulo@cubarte.cult.cu / [En Contraportada] MUY IMPORTANTE: Este fonograma es una obra intelectual protegida a favor de su productor. Derechos Reservados. Se prohíbe su copia parcial o total, aún de carácter privado.

4.6.2 Contenido: México D.F. (04:26) -- Presentación del Goloso (01:04) -- El Goloso (04:21) -- Presentación de "El Cascabel y el Gato", (01:33) -- El Cascabel y el Gato (03:14) -- Presentación de "Las cosas que están pasando", (01:51) -- Las cosas que están pasando (03:19) -- La caperucita roja, el duendecillo mamoncillo y el lobo feroz (04:19) -- Cindy y el cubano (03:42) -- El misionero, la genética y la oveja negra (03:13) -- Entre el cielo y el infierno (04:19) -- Jesucristo, los apóstoles y la droga (03:41).

4.6.3 Créditos: producción, Alejandro García e Iania Velasco; grabación, Freddy Pérez y Alejandro García; grabación en vivo, Rocío García; mezcla y edición, Alejandro García; fotografía, Nelson Cárdenas.

4.6.4 Participantes: arreglos, Freddy Pérez; voces y guitarra, Alejandro García Virulo; guitarra, bajo, tres, voces y guitarra midi; Freddy Pérez; voces y percusiones, Rolando Valdés; violines, Rolando Morejón.

4.6.5 Duración Grabación: 00:37:02.

4.6.6 Idioma: Español.

4.6.7 Original: De producción.

4.6.8 Condiciones de acceso: Spotify; Apple Music; Youtube.com; Amazon Music.

4.6.9 Lenguajes controlados y libres

4.7 Tema o palabra clave: Virulo; México; Evangelio.

4.7.1 Género musical: Canción.

Número de Catálogo: CDDP – 1583.

4.1 Título: Welcome Colón.

4.2 Mención de Responsabilidad: Letra y Música: Alejandro García Virulo.

4.3 Producción.

4.3.1 Lugar: La Habana, Cuba.

4.3.2 Nombre del productor: Difusora del Folklore S.A.

4.3.3. Fecha de producción: [septiembre/2013].

Fecha de grabación: [agosto/2013].

Fecha de publicación: 2013.

4.4 Descripción Física.

4.4.1.1 Formato del soporte: 1 disco compacto.

4.4.1.2 Duración: 00:39:11.

4.4.1.3 Soporte: policarbonato.

4.4.2.2 Formato de archivo: *.wma

4.4.2.3 Velocidad de transmisión: 128 kbps.

4.5 Serie o proyecto: Discos Pueblo.

4.6 Notas.

4.6.1 Notas Generales: [En Portada] Ópera Satírica Musical. / [En Folleto] Grabado en La Habana, Cuba. / [En Folleto] [Notas discográficas]. / [En Contraportada] Este CD contiene El Niño Caníbal.

4.6.2 Contenido: Obertura (07:38) -- Samba del turismo (03:31) -- Taína la rumbera (03:16) -- El tiempo pasaba (04:24) -- El niño caníbal (03:20) -- Marcha de los redescubridores (03:54) -- Para descubrir España (02:20) -- Y si no tienen dinero (02:24) -- El cantor protesta (03:45) -- Final (04:42).

4.6.3 Créditos: grabación, Tony Carreras.

4.6.4 Participantes: voces, Alejandro García Virulo y Leo Pimentel; programación midi, Alejandro García Virulo, Leo Pimentel y Eduardo Corzo; percusiones, Leo Pimentel; arreglos, Alejandro García Virulo, Leo Pimentel y Eduardo Corzo; teclado, Eduardo Corzo; operador midi, Alejandro Lucas.

4.6.5 Duración Grabación: 00:37:14.

4.6.6 Idioma: Español.

4.6.7 Original: De producción.

4.6.8 Condiciones de acceso: Spotify; Apple Music; Youtube.com; Amazon Music.

4.6.9 Lenguajes controlados y libres

4.7 Tema o palabra clave: Conquista española; América Latina; Humor.

4.7.1 Género musical: Canción.

Número de Catálogo: CD – 1295.

4.1 Título: El bueno, el malo y el cubano (Remasterizado).

4.2 Mención de Responsabilidad: Letra y Música: Alejandro García Virulo.

4.3 Producción.

4.3.1 Lugar: Auditorio de Ingeniería: Universidad Nacional Autónoma de México.

4.3.2 Nombre del productor: Aurika Records.

4.3.3. Fecha de producción: [enero/2014].

Fecha de grabación: noviembre/2004.

Fecha de publicación: 2014.

4.4 Descripción Física.

4.4.1.1 Formato del soporte: 1 disco compacto.

4.4.1.2 Duración: 00:58:00.

4.4.1.3 Soporte: policarbonato.

4.4.2.2 Formato de archivo: *.wma

4.4.2.3 Velocidad de transmisión: 128 kbps.

4.5 Serie o proyecto: Tŕova.

4.6 Notas.

4.6.1 Notas Generales: [En Contraportada] Este disco se comenzó a grabar en el auditorio de Ingeniería en la Universidad Nacional Autónoma de México y se terminó en el estudio de Aurika Records en noviembre de 2004 en México D.F. / [En Contraportada] Agradezco las buenas ideas de Germán Dehesa, la maravilloza voz de Alberto Bermúdez, las fotos de Miguel Alonso Rivera, el esfuerzo de Ianis y la colaboración de Sebastián que lo permitió todo. / [En Contraportada] Este fonograma es una obra protegida a favor de su Productor (P) y (C) EGREM [Empresa de Grabaciones y Ediciones Musicales], 2014.

4.6.2 Contenido: Presentación 1 (01:10) -- Mi Habana limpia y bonita (02:52) -- Presentación 2 (01:26) -- Balada del enano (03:12) -- Presentación 3 (00:53) -- Amor contaminado (02:16) -- Presentación 4 (00:49) -- Balada de Gumersindo (03:33) -- Presentación 5 (02:29) -- Balada de Yudisleidis (02:53) -- Presentación 6 (01:17) -- Ni cheques, ni jeques (03:07) -- Presentación 7 (01:18) -- Chile habanero (03:49) -- Presentación 8 (02:27) -- El Mole (03:09) -- Presentación 9 (08:16) -- El Reality Show (03:24) -- Presentación 10 (00:59) -- Los buenos y los malos (03:30) -- Presentación 11 (03:08) -- Lo que le pasó a Nyerere (02:16).

4.6.3 Créditos: grabación, Iania Velasco Montate, Sebastián; mezcla, Virulo; edición, Iania, Sebastián; producción, Iania, Virulo; diseño, Iania, Virulo.

4.6.4 Participantes: arreglos y guitarra, Alejandro García "Virulo"; guitarra, tres y bajo, Freddy Pérez; percusiones, Rolando Valdés; trompetas, Martín Ecoyie; voces, Virulo, Rolando, Freddy.

4.6.5 Duración Grabación: 00:54:13.

4.6.6 Idioma: Español.

4.6.7 Original: De producción.

4.6.8 Condiciones de acceso: Spotify; Apple Music; Youtube.com; Amazon Music.

4.6.9 Lenguajes controlados y libres

4.7 Tema o palabra clave: Cuba; Virulo; Humor.

4.7.1 Género musical: Canción.

Número de Catálogo: CDDP – 1679.

4.1 Título: ¡Cuba Sí, Yanquis ¿Qué?!

4.2 Mención de Responsabilidad: Letra y Música: Alejandro García Virulo.

4.3 Producción.

4.3.1 Lugar: La Habana, Cuba.

4.3.2 Nombre del productor: Difusora del Folklore S.A.

4.3.3. Fecha de producción: [junio/2015].

Fecha de grabación: 05/mayo/2015.

Fecha de publicación: 2015.

4.4 Descripción Física.

4.4.1.1 Formato del soporte: 1 disco compacto.

4.4.1.2 Duración: 00:32:06.

4.4.1.3 Soporte: policarbonato.

4.4.2.2 Formato de archivo: *.wma

4.4.2.3 Velocidad de transmisión: 128 kbps.

4.5 Serie o proyecto: Discos Pueblo.

4.6 Notas.

4.6.1 Notas Generales: [En Portada] Coca Cola por la tarjeta!.. / [En Portada] To be or not to be... / [En Portada] ¡Llegó el chiken por fish!.. / [En Folleto] Todos los temas son de la autoría de Alejandro García VIRULO. / [En Folleto] Gracias a: Telo González por las ideas para: "Cuando tú te vas", "Sospechas", y "Ni me gustas tú", al autor de "Entierro a la Cubana", texto anónimo aparecido en internet, y a los chistes populares que me han inspirado. / [En Folleto] Para: Milo y Tantán. / [En Folleto] Este disco se terminó de grabar en el estudio de Aurika Records, en La Habana, Cuba el 5 de mayo de 2015.

4.6.2 Contenido: ¡Cuba sí, yanquis---¿qué?! (03:34) -- Sospechas (03:20) -- La golpeadora (03:06) -- Romance andino (03:47) -- Un cubano en Holanda (02:49) -- Tía Cuca (04:11) -- El cura y su bicicleta (02:39) -- Cuando tú te vas (02:19) -- Dora la deporada (02:55) -- Ni me gustas tú (02:54).

4.6.3 Créditos: grabación, Iania Velasco Montante; producción, Alejandro García Virulo e Iania Velasco Montante.

4.6.4 Participantes: arreglos, Gioser Rodríguez y Arjadis López; guitarras, Alejandro García, Gioser Rodríguez y Alejandro Valdés; bajo, Gioser Rodríguez y Henry Kindelán; tres, Gioser Rodríguez y Arjadis López; programación, Gioser Rodríguez; percusiones, Gioser R.[odríguez], Orlando Bernal y Maikel Sandoval; participación especial, Yissy García y Bernardo García; trompetas, Lázaro Amaury Oviedo; voces, Alejandro García Virulo; coros, Gioser R.[odríguez] y Emil Borrego.

4.6.5 Duración Grabación: 00:29:34.

4.6.6 Idioma: Español.

4.6.7 Original: De producción.

4.6.8 Condiciones de acceso: Spotify; Apple Music; Youtube.com; Amazon Music.

4.6.9 Lenguajes controlados y libres

4.7 Tema o palabra clave: Cuba; Estados Unidos; Humor.

4.7.1 Género musical: Canción.

Número de Catálogo: CDDP – 1741.

4.1 Título: Juegos Sinfoniquísimos.

4.2 Mención de Responsabilidad: Letra y Música: Alejandro García Virulo.

4.3 Producción.

4.3.1 Lugar: Instituto Sinaloense de Cultura, México.

4.3.2 Nombre del productor: Difusora del Folklore S.A.

4.3.3. Fecha de producción: agosto/2016.

Fecha de grabación: [14-15/mayo/2015].

Fecha de publicación: 2016.

4.4 Descripción Física.

4.4.1.1 Formato del soporte: 1 disco compacto.

4.4.1.2 Duración: 00:58:14.

4.4.1.3 Soporte: policarbonato.

4.4.2.2 Formato de archivo: *.wma

4.4.2.3 Velocidad de transmisión: 128 kbps.

4.5 Serie o proyecto: Discos Pueblo.

4.6 Notas.

4.6.1 Notas Generales: [En Portada] Virulo y Ernesto Acher. / [En Portada] Orquesta Sinfónica Sinaloa de las Artes. / [En Folleto] Dirección de Compañías Artísticas. / [En Folleto] Administrativo OSSLA. / [En Folleto] [Notas discográficas]. / [En Folleto] Biografías de Ernesto Acher, Alejandro García Villalón y de Gordon Campbell. / [En Folleto] Reseña e Integrantes de la Orquesta Sinfónica Sinaloa de las Artes. / [En Folleto] Haber sido anfitriones de este encuentro musical entre Ernesto Acher y Alejandro García "Virulo", sin duda fue un alimento para el espíritu. Ellos dejaron de lado los formalismos y se divirtieron tanto como nosotros con los juegos creados por Ernesto Acher y las historias cantadas de "Virulo", dentro del programa Escena Sinaloa 2015 del Instituto Sinaloense de Cultura. Disfrutamos mucho de este mano a mano entre grandes y esta grabación queda como testimonio de ello. Enhorabuena. / [En Folleto] Representante de Acher y Virulo: Lázaro Rodríguez. / [En Contraportada] Todas las canciones que interpreta Alejandro García "Virulo", son de su autoría. Todas las orquestaciones del presente disco fueron realizadas por Ernesto Acher.

4.6.2 Contenido: Pequeña música hebrea (04:02) -- Presentación del concierto (00:28) -- Latin lover (04:17) -- Presentación "Peer Gynt Panther", (02:16) -- Peer Gynt Panther (01:37) -- Presentación "Pélate Rapunzel", (02:39) -- Pélate Rapunzel (03:29) -- Presentación "Hello Strauss!", (01:36) -- Hello Strauss (02:56) -- Presentación "Telenovela", (00:47) -- Telenovela familiar (07:13) -- Presentación "40 choclos", (01:10) -- 40 choclos (01:23) -- Presentación "Vampiro rumano", (00:45) -- Vampiro rumano (04:00) -- Presentación "Caperucita", (00:58) -- La Caperucita roja (04:40) -- El director invitado no quiere retirarse (00:39) -- El escondite de Brahms (02:10) -- Presentación "Amigos", (00:38) -- Amigos (03:46) -- Presentación "El colibrí", (00:12) -- El colibrí (06:49).

4.6.3 Créditos: edición y mezcla, Iania Velasco.

4.6.4 Participantes: director invitado, Ernesto Acher; voz, Alejandro García Virulo; instrumentos, Orquesta Sinfónica Sinaloa de las Artes.

4.6.5 Duración Grabación: 00:54:30.

4.6.6 Idioma: Español.

4.6.7 Original: De producción.

4.6.8 Condiciones de acceso: Spotify; Apple Music; Youtube.com; Amazon Music.

4.6.9 Lenguajes controlados y libres

4.7 Tema o palabra clave: Divertimentos; Humor.

4.7.1 Género musical: Canción.

Número de Catálogo: CD – 1399.

4.1 Título: Por la izquierda.

4.2 Mención de Responsabilidad: Letra y Música: Alejandro García Virulo.

4.3 Producción.

4.3.1 Lugar: [Cuba].

4.3.2 Nombre del productor: ---

4.3.3. Fecha de producción: [octubre/2017].

Fecha de grabación: [2016].

Fecha de publicación: [2017].

4.4 Descripción Física.

4.4.1.1 Formato del soporte: 1 disco compacto.

4.4.1.2 Duración: 00:37:00.

4.4.1.3 Soporte: policarbonato.

4.4.2.2 Formato de archivo: *.wma

4.4.2.3 Velocidad de transmisión: 128 kbps.

4.5 Serie o proyecto: Trova.

4.6 Notas.

4.6.1 Notas Generales: [En Portada] Alejandro García Virulo. / [En Folleto] Todas las canciones compuestas por Alejandro García "Virulo", excepto *Las cintas de las coronas*, letra de Chanito Isidrón. / [En Contraportada] Este fonograma es una obra protegida a favor de su Productor (P) y ©EGREM, 2016. / [En Contraportada] ACDAM.

4.6.2 Contenido: Por la izquierda (03:17) -- Delirio de grandeza (02:19) -- La mata del CUC (03:13) -- El cubano independiente (03:35) -- Macho Latino (02:32) -- Las cintas de las coronas (04:08) -- No sé por qué me gustas (03:07) -- Padre, papá y papi (04:41) -- Éxito (03:44) -- Balazos (03:45) -- Canción de cuna para papá sin tetas (02:19).

4.6.3 Créditos: ---

4.6.4 Participantes: voces, Virulo y Gloser Rodríguez; guitarras; Gloser Rodríguez; tres, Gloser Rodríguez; bajo, Gloser Rodríguez; percusiones, Gloser Rodríguez; programaciones, Gloser Rodríguez; trompeta, Julio; flauta, Yamila.

4.6.5 Duración Grabación: 00:35:33.

4.6.6 Idioma: Español.

4.6.7 Original: De producción.

4.6.8 Condiciones de acceso: Spotify; Youtube.com.

4.6.9 Lenguajes controlados y libres

4.7 Tema o palabra clave: Virulo.

4.7.1 Género musical: Canción.

Número de Catálogo: CD – 1819.

4.1 Título: Crónicas de la Pandemia.

4.2 Mención de Responsabilidad: Letra y Música: Alejandro García Virulo.

4.3 Producción.

4.3.1 Lugar: Cuba.

4.3.2 Nombre del productor: ---

4.3.3. Fecha de producción: [2020-2021].

Fecha de grabación: [2021].

Fecha de publicación: 2021.

4.4 Descripción Física.

4.4.1.1 Formato del soporte: 1 disco compacto.

4.4.1.2 Duración: 00:37:57.

4.4.1.3 Soporte: policarbonato.

4.4.2.2 Formato de archivo: *.wma

4.4.2.3 Velocidad de transmisión: 128 kbps.

4.5 Serie o proyecto: Trova.

4.6 Notas.

4.6.1 Notas Generales: [En Portada] Alejandro García Virulo. / [En Folleto] Créditos Generales. / [En Folleto] Grabado en Mia Studio, excepto el tema 10 grabado en Estudio 18, Egrem. Masterizado en Vieja linda Record. / [En Folleto] Agradecimientos. / [En Folleto] Músicos. / [En Folleto] Músicos Invitados. / [En Contraportada] Autoría de todas las canciones Alejandro García "Virulo". / [En Contraportada] Este fonograma es una obra protegida a favor de su Productor (P) y ©EGREM, 2021. / [En Contraportada] ACDAM.

4.6.2 Contenido: La pegazón feat. Qva Libre (03:22) -- Pórtate bien feat. Buena Fe (03:32) -- El Tarzán de las colas feat. Kelvis Ochoa (04:05) -- Dale Candela (03:57) -- Quédate en casa feat. Trío Martínez (03:23) -- La cosa está de Cabeza feat. Pancho Amat y el Cabildo del son (04:28) -- Puente de luz (04:44) -- Los negacionistas feat. Llilena (03:11) -- Tate sosiego feat. Ray Fernández y Cándido Fabré (03:22) -- Con Cuba no te metas feat. Artistas Varios (03:53).

4.6.3 Créditos: producción musical y grabación, Yoel "Goyo", Martínez; producción musical del tema 10, Orlando Vistel Columbié, César de las Mercedes Pedroso Fernández y Alejandro García "Virulo"; asistencia de producción, Camila Daniela Felibert Gutiérrez; mezcla, Yoel "Goyo", Martínez y Adolfo "Fito", Martínez; masterización, Adolfo "Fito", Martínez; grabación del tema 10, José Raúl Varona; arreglos, Yoel "Goyo", Martínez (1, 2, 3, 5 y 7), Gloser Rodríguez López (4), Francisco "Pancho", Amat (6), Ernesto Cisneros (8), Yandy Martínez González (9), Roelvis Reyes, Maikel Cuchilla y César "Pupy", Pedroso (10); productora de diseño, Yamillé León Prol; productora ejecutiva Egrem, Gretel Gálvez; producción OSN, Alejandro Banegas; equipo de arte y repertorio Egrem, Adriana Pazos Tacoronte, Heydi González, Élsida González y Pedro Pablo Cruz; asistencia de grabación y edición del tema 10, Daelsis Peña Padilla; diseño, J. A. Mompeller,

4.6.4 Participantes: voz principal en todos los temas y coros (2 y 4), Alejandro García "Virulo"; guitarras (2, 3 y 7) y coros (3, 4 y 7), Yoel "Goyo", Martínez; percusiones (1, 2, 3, 5, 7 y 9) y sonido ambiente (3), David Rolando Hernández "Suini"; bajo eléctrico o contrabajos (1, 2, 3 y 4), programaciones y coros (9), Yandy Martínez; guitarra flamenca (1), Carlos Ernesto Varona Velásquez; voz ambiente (1), Alejandro Infante; tres (2 y 3) y coros (2), Yibrán Rivero Pío; trompeta (3 y 4), Julito Padrón; coros (3, 4, 7 y 9) y voces (8), Camila Daniela Felibertt; sonido ambiente (5), Javier López Elías, Dayana Pérez y Solange Pendás; tres y programaciones (5), Gloser Rodríguez López; tres (6 y 10) y coros (6), Francisco "Pancho", Amat; bajo baby (6), José Francisco Amat Rodríguez; guitarra y coros (6), Ángel Lorenzo Ramos; cantante (6), Jorge Luis Reyes Machado; percusiones (6), Rosenio Perdono Blanco; trompeta (6), Antonio Díaz Martínez; drums (7), Maikel Pérez Leyva; saxofón (7), Eudaldo Abel Hernández Bernal; coros (7), Duani Ramos; teclados y programación (8), Ernesto Cisneros; violines (9), Irving frontera; flauta (9), Carlos Armesto Pupo; [cuerdas de la Orquesta Sinfónica Nacional de Cuba] (10).

4.6.5 Duración Grabación: 00:37:01.

4.6.6 Idioma: Español.

4.6.7 Original: De producción.

4.6.8 Condiciones de acceso: Spotify; Youtube.com.

4.6.9 Lenguajes controlados y libres

4.7 Tema o palabra clave: Virulo.

4.7.1 Género musical: Canción.

3. Registro de documentos videográficos sobre *Virulencia Modulada* de Alejandro García Villalón *Virulo* en Virulo (Canal Oficial – YouTube)[3]

4.2 Título	5.3 Número de obra	6.3 Lugar de producción	7.3 Duración	10.1 Disponibilidad
Homenaje a Chava Flores	01	México	00:24:42	https://youtu.be/yW8JDLREfK4
OVNI	02	México	00:19:25	https://youtu.be/3DCUu_jBHuw
Ciencia Ficción	03	México	00:21:33	https://youtu.be/5OYQQ7ZjIqE
Welcome Colón 1	04	México	00:23:59	https://youtu.be/ZNe7mJkN0-I
Welcome Colón 2	05	México	00:22:32	https://youtu.be/Y7SKpyg4h5A
Microcosmos	06	México	00:22:42	https://youtu.be/p-jJc-7JbAw
Tradiciones	07	México	00:25:17	https://youtu.be/gRnPk8VJNtQ
Amores	08	México	00:19:25	https://youtu.be/MWeFRQTxXSM
Personajes Históricos	09	México	00:22:08	https://youtu.be/1I81_kZZlNA
Cosmos	10	México	00:22:39	https://youtu.be/08fuNcQX8Mw
Niños	11	México	00:20:55	https://youtu.be/JhK7Fa7hhNg
Burocracia	12	México	00:23:44	https://youtu.be/PoXSUG4w1oc
Amores 2	13	México	00:21:42	https://youtu.be/N5zreiTpNLo
Variado	14	México	00:24:54	https://youtu.be/et1W2PqJ4nE

[3] Para la elaboración del registro se adecuaron los campos descriptivos propuestos en la Norma Mexicana NMX-R-001-SCFI-2013 sobre Documentos Videográficos – Lineamientos para su catalogación.

4. Catálogo de los videoclips musicales (2007-2021) de Alejandro García Villalón *Virulo*[4]

4.2 Título: El bueno y el malo.

5. Identificación.

5.1 Institución poseedora del acervo: Instituto Cubano del Arte e Industria Cinematográfica.

5.2 Clave de identificación: N/A.

5.3 Número de obra videográfica: [1].

5.4 Número total de la serie: [9].

5.5 Formato: Videoclip musical.

6. Mención de responsabilidad.

6.1 Créditos: Música original: García Virulo, Alejandro / Juego de Manos; Director: Ruiz, Juan; Productores: García, Alicia / Prats, Paco / Marrero, Lídice / Marcos, Raysell / Cambras, Rafael / Guerra, Sandra / Otero, Rosa; Animadores: López, Danay / Medina, Leyanes / Martínez, Yusimil / Guillén, Eva / Cruz, Yemelí / Delgado, Ricardo / Rengifo, Mayckell / González, Adonis / Romero, Alain / García, Axel / Ruiz, Juan; Editora: Iglesias, Nanette.

6.2 Institución productora / productor: ICAIC.

6.3 Lugar de producción: La Habana.

7. Contenido.

7.1 Palabras o tema: Virulo, Videoclip Oficial.

7.2 Duración: 00:03:00.

7.3 Año de producción: 2007.

7.4 Fecha de publicación: ---

8. Versiones.

8.1 Idioma: Español.

8.2 Versiones: S/Versiones.

8.3 Tipo de Grabación: Video oficial.

9. Descripción técnica.

9.1 Características del video: ---

9.2 Características de sonido: ---

10.1 Disponibilidad: ---

11.1 Observaciones: [Información disponible] http://www.cubacine.cult.cu/es/filme/el-bueno-y-el-malo

---

[4] Para la elaboración del catálogo se adecuaron los campos descriptivos propuestos en la Norma Mexicana NMX-R-001-SCFI-2013 sobre Documentos Videográficos – Lineamientos para su catalogación.

4.2 Título: Por la izquierda.

5. Identificación.

5.1 Institución poseedora del acervo: Youtube.com.

5.2 Clave de identificación: N/A.

5.3 Número de obra videográfica: [2].

5.4 Número total de la serie: [9].

5.5 Formato: Videoclip musical.

6. Mención de responsabilidad.

6.1 Créditos: Música original: García Virulo, Alejandro; Director: Ros, Joseph; Actuación especial: Ferrera, Rigoberto; Dirección de fotografía: González, Alexander; Edición: Hernández, Alian; Dirección de arte: Álvarez, Yasseh / Ros, Joseph; Corrección de color: Alemán, Daniel; Banda sonora: Alemán, Gabriel; Diseño de vestuario: Jud th; Maquillaje: Massola, Rosa.

6.2 Institución productora / productor: EGREM.

6.3 Lugar de producción: La Habana.

7. Contenido.

7.1 Palabras o tema: Virulo, Por la Izquierda, Videoclip Oficial.

7.2 Duración: 00:03:38.

7.3 Año de producción: 2016.

7.4 Fecha de publicación: 19-enero-2017.

8. Versiones.

8.1 Idioma: Español.

8.2 Versiones: S/Versiones.

8.3 Tipo de Grabación: Video oficial.

9. Descripción técnica.

9.1 Características del video: DVB/T, color, 16:9.

9.2 Características de sonido: estereofónico.

10.1 Disponibilidad: https://youtu.be/0Dk0eMvuaTE

11.1 Observaciones: [Créditos iniciales] CD. Por la Izquierda; [Créditos iniciales] ©EGREM.

	4.2 Título: Dale Candela.

5. Identificación.

5.1 Institución poseedora del acervo: Youtube.com.

5.2 Clave de identificación: N/A.

5.3 Número de obra videográfica: [3].

5.4 Número total de la serie: [9].

5.5 Formato: Videoclip musical.

6. Mención de responsabilidad.

6.1 Créditos: Autor: García Virulo, Alejandro; Intérpretes: Virulo / Septeto Nacional "Ignacio Piñeiro"; Grabación musical: Velazco, Iania / Rodríguez, Gioser.

6.2 Institución productora / productor: Estudios de Animados ICAIC / EGREM.

6.3 Lugar de producción: La Habana.

7. Contenido.

7.1 Palabras o tema: ICAIC, EGREM, Dale Candela, Video Oficial.

7.2 Duración: 00:04:00.

7.3 Año de producción: 2020.

7.4 Fecha de publicación: 17-mayo-2020.

8. Versiones.

8.1 Idioma: Español.

8.2 Versiones: S/Versiones.

8.3 Tipo de Grabación: Video oficial.

9. Descripción técnica.

9.1 Características del video: DVB/T, color, 16:9.

9.2 Características de sonido: estereofónico.

10.1 Disponibilidad: https://youtu.be/MN9UexPvv-g

11.1 Observaciones: [Créditos iniciales] Animados ICAIC 1960-2020; [Créditos iniciales] EGREM.

4.2 Título: Pórtate bien.

5. Identificación.

5.1 Institución poseedora del acervo: Youtube.com.

5.2 Clave de identificación: N/A.

5.3 Número de obra videográfica: [4].

5.4 Número total de la serie: [9].

5.5 Formato: Videoclip musical.

6. Mención de responsabilidad.

6.1 Créditos: Intérpretes: Virulo / Buena Fe; Dirección: Valdés, Ariam / Hernández, Claudia; Producción: Hernández, Claudia; Fotografía: Valdés, Ariam; Edición y postproducción: Valdés, Ariam; Asistente general: Pérez, Neyis; Dirección de arte: Cotta, José / Valdés, Ariam; Maquillaje y peluquería: Cotta, José / Bonilla, Miguel; Actuación: Franco, Omar / Vasallos, Laura / Carmona, Teresa / García, Milton.

6.2 Institución productora / productor: EGREM.

6.3 Lugar de producción: La Habana.

7. Contenido.

7.1 Palabras o tema: Virulo, Buena Fe, Pórtate Bien, EGREM.

7.2 Duración: 00:03:36.

7.3 Año de producción: 2020.

7.4 Fecha de publicación: 18-agosto-2020.

8. Versiones.

8.1 Idioma: Español.

8.2 Versiones: S/Versiones.

8.3 Tipo de Grabación: Video oficial.

9. Descripción técnica.

9.1 Características del video: DVB/T, color, 16:9.

9.2 Características de sonido: estereofónico.

10.1 Disponibilidad: https://youtu.be/ZvPKw3LgXFw

11.1 Observaciones: [Créditos finales] Ministerio de Cultura República de Cuba; [Créditos finales] EGREM; [Créditos finales] Instituto Cubano de la Música

4.2 Título: El Tarzán de las colas.

5. Identificación.

5.1 Institución poseedora del acervo: Youtube.com.

5.2 Clave de identificación: N/A.

5.3 Número de obra videográfica: [5].

5.4 Número total de la serie: [9].

5.5 Formato: Videoclip musical.

6. Mención de responsabilidad.

6.1 Créditos: Intérpretes: Virulo / Ochoa, Kelvis; Dirección: Ruiz, Mildrey; Dirección de fotografía: Torres, Javier; Edición: Nonell, Jorge; Producción de rodaje: Marín, Luis; Asistente de cámara: Estévez, Alberto; Transportación: Estévez, José; Grabación y Producción Musical: Martínez, Yoel; Actuaron: Pipe / Papo; Guitarra y tres: Reyes, Gibrán; Trompeta: Padrón, Julito; Bajo: Martínez, Yandy; Coros: Felibert, Camila; Percusión: Suini, David.

6.2 Institución productora / productor: EGREM.

6.3 Lugar de producción: La Habana.

7. Contenido.

7.1 Palabras o tema: Virulo, Kelvis Ochoa, El Tarzán de las Colas.

7.2 Duración: 00:04:34.

7.3 Año de producción: 2020.

7.4 Fecha de publicación: 26-noviembre-2020.

8. Versiones.

8.1 Idioma: Español.

8.2 Versiones: S/Versiones.

8.3 Tipo de Grabación: Video oficial.

9. Descripción técnica.

9.1 Características del video: DVB/T, color, 16:9.

9.2 Características de sonido: estereofónico.

10.1 Disponibilidad: https://youtu.be/3ocQt7Nisv0

11.1 Observaciones: [Créditos iniciales] Ministerio de Cultura República de Cuba; [Créditos iniciales] Instituto Cubano de la Música; [Créditos iniciales y finales] EGREM; [Créditos finales] La Rueda Films.

4.2 Título: Con Cuba no te metas.

5. Identificación.

5.1 Institución poseedora del acervo: Youtube.com.

5.2 Clave de identificación: N/A.

5.3 Número de obra videográfica: [6].

5.4 Número total de la serie: [9].

5.5 Formato: Videoclip musical.

6. Mención de responsabilidad.

6.1 Créditos: Compositor: García "Virulo", Alejandro; Director: García Sánchez, José Manuel.

6.2 Institución productora / productor: EGREM.

6.3 Lugar de producción: La Habana.

7. Contenido.

7.1 Palabras o tema: Videoclip, Con Cuba no te metas, Virulo.

7.2 Duración: 00:04:03.

7.3 Año de producción: 2020.

7.4 Fecha de publicación: 24-diciembre-2020.

8. Versiones.

8.1 Idioma: Español.

8.2 Versiones: S/Versiones.

8.3 Tipo de Grabación: Video oficial.

9. Descripción técnica.

9.1 Características del video: DVB/T, color, 16:9.

9.2 Características de sonido: estereofónico.

10.1 Disponibilidad: https://youtu.be/XIt5idI8TR8

11.1 Observaciones: [Créditos iniciales y finales] Ministerio de Cultura.

4.2 Título: Los negacionistas.

5. Identificación.

5.1 Institución poseedora del acervo: Youtube.com.

5.2 Clave de identificación: N/A.

5.3 Número de obra videográfica: [7].

5.4 Número total de la serie: [9].

5.5 Formato: Videoclip musical.

6. Mención de responsabilidad.

6.1 Créditos: Compositor: Virulo / Llilena; Director: Rodríguez, David; Animadores: Collantes, Rafael / De León, Danny / Iznaga, Sifredo / Menéndez, Ángel / Madrazo, Sergio / Rodríguez, David; Diseño de Personaje: Lezcano, Alexis / Menéndez, Ángel; Pintura Mate: Miñoso, Yoidel; Modelado y Texturizado: Guerra, Mauricio / Rodríguez, David; Setup y Diseño de Escena: Rodríguez, David.

6.2 Institución productora / productor: EGREM.

6.3 Lugar de producción: La Habana.

7. Contenido.

7.1 Palabras o tema: Videoclip, Los Negacionistas, Virulo.

7.2 Duración: 00:03:25.

7.3 Año de producción: 2021.

7.4 Fecha de publicación: 28-diciembre-2021.

8. Versiones.

8.1 Idioma: Español.

8.2 Versiones: S/Versiones.

8.3 Tipo de Grabación: Video oficial.

9. Descripción técnica.

9.1 Características del video: DVB/T, color, 16:9.

9.2 Características de sonido: estereofónico.

10.1 Disponibilidad: https://youtu.be/0TPo1eeVIfY

11.1 Observaciones: [Créditos iniciales] EGREM; [Créditos iniciales] Producciones Colibrí; [Créditos iniciales] David Bond Estudio.

4.2 Título: La cosa está de cabeza.

5. Identificación.

5.1 Institución poseedora del acervo: Facebook.com.

5.2 Clave de identificación: N/A.

5.3 Número de obra videográfica: [8].

5.4 Número total de la serie: [9].

5.5 Formato: Videoclip musical.

6. Mención de responsabilidad.

6.1 Créditos: Compositor: Virulo.

6.2 Institución productora / productor: ---.

6.3 Lugar de producción: La Habana.

7. Contenido.

7.1 Palabras o tema: Videoclip, La cosa, Virulo.

7.2 Duración: 00:03:27.

7.3 Año de producción: 2021.

7.4 Fecha de publicación: 10-julio-2021.

8. Versiones.

8.1 Idioma: Español.

8.2 Versiones: S/Versiones.

8.3 Tipo de Grabación: Video oficial.

9. Descripción técnica.

9.1 Características del video: DVB/T, color, 16:9.

9.2 Características de sonido: estereofónico.

10.1 Disponibilidad:
https://www.facebook.com/100011946646631/videos/459884369295615

11.1 Observaciones: ---.

4.2 **Título:** La Flor... La sirena y yo.

5. Identificación.

5.1 Institución poseedora del acervo: Youtube.com.

5.2 Clave de identificación: N/A.

5.3 Número de obra videográfica: [9].

5.4 Número total de la serie: [9].

5.5 Formato: Videoclip musical.

6. Mención de responsabilidad.

6.1 Créditos: Compositor: Virulo; Cantantes: Virulo / Galindo, Rubén; Realizador: Rodríguez, David; Arreglo: Pérez, Freddy; Grabación: Martínez, Yoel; Fotografía y Cámara: López, Víctor / Rodríguez, David; Animación: Rodríguez, David; Luces: Roque, Abel.

6.2 Institución productora / productor: EGREM.

6.3 Lugar de producción: La Habana.

7. Contenido.

7.1 Palabras o tema: Videoclip, Amor, Virulo.

7.2 Duración: 00:04:38.

7.3 Año de producción: 2022.

7.4 Fecha de publicación: 19-septiembre-2022.

8. Versiones.

8.1 Idioma: Español.

8.2 Versiones: S/Versiones.

8.3 Tipo de Grabación: Video oficial.

9. Descripción técnica.

9.1 Características del video: DVB/T, color, 16:9.

9.2 Características de sonido: estereofónico.

10.1 Disponibilidad: https://youtu.be/GNwNwUCU6-o

11.1 Observaciones: [Créditos finales] Agradecimientos: García, Alicia / Bermúdez, Claudia / Velazco, Iania / Animados ICAIC.

5. Listado de performances en vivo (1973-2020)
de Alejandro García Villalón *Virulo*[5]

Año	Mes	Días	Título	Evento / Lugar (Ciudad, País)
1973	---	---	---	Sala-Teatro Hubert de Blanck (La Habana, Cuba).
1973	---	---	---	I Jornada de la Canción Política / Casa de las Américas (La Habana, Cuba).
1973	---	---	*Lo Más Nuevo de la Nueva Trova*	Teatro Martí (La Habana, Cuba).
1975	---	---	*Comenzamos*	Teatro Auditorium Amadeo Roldán (La Habana, Cuba).
1976	---	---	---	Brigada Artística Cubana (---, Angola).
1979	---	---	*Génesis Según Virulo*	--- (---, Venezuela).
1980	oct.	---	*Génesis Según Virulo*	Teatro Karl Marx (La Habana, Cuba).
1981	---	---	*Génesis Según Virulo*	--- (---, México).
1983	feb.	25	*Échale dedeté*	Aniversario 15 del Suplemente Dedeté del Periódico Juventud Rebelde / Teatro Karl Marx (La Habana, Cuba).
1984	ene.	---	---	Acto de clausura de "Tubería de media", página de humor gráfico y literario del Semanario Yumurí / Biblioteca Provincial (Matanzas, Cuba).
1984	---	---	---	Festival de la Nueva Trova (Isla de la Juventud, Cuba).
1985	---	---	*La esclava contra el árabe*	Teatro Karl Marx (La Habana, Cuba).
1985	jun.-jul.	---	*¿Jaguar you, Claudio?*	Teatro Karl Marx (La Habana, Cuba).
1985	oct.	21	*La Nueva Trova y su humor*	Instituto Mexicano-Cubano de Relaciones Culturales José Martí (Guadalajara, México).
1986	may.	30	*… y estamos en el aire…*	--- (Madrid, España).
1987	---	---	*Miramar 81, 32 y 132*	Teatro Karl Marx (La Habana, Cuba).
1988	ago.	08-10	*Échale Salsita*	Teatro del I.M.S.S. (Guadalajara, México).
1989	---	---	---	Universidad del Zulia (Maracaibo, Venezuela).
1989	---	---	---	Universidad Central de Venezuela (Caracas, Venezuela).
1989	---	---	---	Universidad Simón Bolívar (Caracas, Venezuela).
1989	---	---	---	Centro Nocturno La Guacharaca (Caracas, Venezuela).
1989	---	---	---	--- (Mérida, Venezuela).
1990	may.	---	*Ópera Satírico Musical*	Foro de Arte y Cultura (Guadalajara, México).

---

[5] En el listado se incluyen los performances en vivo de Alejandro García Villalón *Virulo* que aparecen referidos en el apartado de Fuentes de Información en el presente libro.

1992	may.	09--	---	IX Festival Internacional del Humor (Bogotá, Colombia).
1994	feb.	---	*Censuras*	--- (Ciudad de México, México).
1994	nov.	---	*Sexo, luego existo*	Teatro Nacional de Cuba (La Habana, Cuba).
1994	dic.	09-10	*Lo mejor de Virulo*	Peña Cuicacalli (Guadalajara, México).
1995	mar.	16-17	---	Peña Cuicacalli (Guadalajara, México).
1995	nov.	09-10	*Génesis Según Virulo*	Peña Cuicacalli (Guadalajara, México).
1995	nov.	11-12	---	Peña Cuicacalli (Guadalajara, México).
1995	nov.	16-17	*Génesis Según Virulo*	Peña Cuicacalli (Guadalajara, México).
1995	nov.	18	---	Peña Cuicacalli (Guadalajara, México).
1996	mar.	07-10	*Welcome Colón*	Peña Cuicacalli (Guadalajara, México).
1996	mar.	14	*Welcome Colón*	Peña Cuicacalli (Guadalajara, México).
1996	mar.	16-17	*Welcome Colón*	Peña Cuicacalli (Guadalajara, México).
1996	mar.	21	*Welcome Colón*	Peña Cuicacalli (Guadalajara, México).
1996	nov.	07-10	*OVNI*	Peña Cuicacalli (Guadalajara, México).
1997	jul.	04-06	---	Peña Cuicacalli (Guadalajara, México).
1998	feb.	19-21	*Welcome Colón*	Peña Cuicacalli (Guadalajara, México).
1998	feb.	---	*La soprano estreñida*	Peña Cuicacalli (Guadalajara, México).
1998	nov.	---	---	--- (Santa Cruz de Tenerife, España).
1999	feb.	---	*Il medio castrato*	Peña Cuicacalli (Guadalajara, México).
1999	abr.	22-24	---	Peña Cuicacalli (Guadalajara, México).
1999	abr.	30	*Il medio castrato*	Sala Silvestre Revueltas del Conjunto Cultural Ollin Yoliztli (Ciudad de México, México).
1999	jun.	10-12	*Virulo a la carta*	Peña Cuicacalli (Guadalajara, México).
1999	ago.	05-07	---	Peña Cuicacalli (Guadalajara, México).
1999	oct.	07-09	*Welcome Colón*	Peña Cuicacalli (Guadalajara, México).
1999	oct.	20-23	---	I Encuentro Latinoamericano del Séptimo Sentido / Aula Magna de la Universidad Central de Venezuela (Caracas, Venezuela).
2000	ago.	13	---	Peña Cuicacalli (Guadalajara, México).
2000	ago.	19	---	Peña Cuicacalli (Guadalajara, México).
2001	jul.	08	*Génesis Según Virulo*	Auditorio Javier Barros Sierra de la Facultad de Ingeniería UNAM (Ciudad de México, México).
2001	jul.	30-31	*Corridos de todos lados*	Peña El León de Mecenas (Morelia, México).
2002	jul.	18-20	*Sones, boleros y un antibolero*	Peña Cuicacalli (Guadalajara, México).
2003	may.	24	---	VI Festival Cultural de Mayo / Plaza de la Hermandad (Puerto Vallarta, México).
2003	jul.	01	---	Homenaje a Werny Kleiner / Peña Cuicacalli (Guadalajara, México).
2003	sep.	07	*Canciones del corazón y el resto de mis tripas*	Sala Avellaneda, Teatro Nacional de Cuba (La Habana, Cuba).
2004	may.	12	*De Cuba con humor*	La Trastienda (Buenos Aires, Argentina).

2004	ago.	---	*El bueno, el malo y el cubano*	Café-Concierto "La Planta de Luz", (Ciudad de México, México).
2004	nov.	---	*El bueno, el malo y el cubano*	Auditorio Sotero Prieto de la Facultad de Ingeniería de la UNAM (Ciudad de México, México).
2005	ene.	14-15	*El bueno, el malo y el cubano*	Teatro Jaime Torres Bodet (Guadalajara, México).
2005	ene.	21-22	*Lo mejor de Virulo*	--- (Las Palmas de Gran Canaria, España).
2005	ene.	28	---	Auditorio Alfredo Kraus (Las Palmas de Gran Canaria, España).
2005	jun.	18	*Un mundo nos vigila, otro nos entretiene y un marciano*	La Cueva (Guadalajara, México).
2005	---	---	---	Gira Nacional (Santiago de Cuba, Cuba).
2005	---	---	---	Gira Nacional (Camagüey, Cuba).
2005	---	---	---	Gira Nacional (Matanzas, Cuba).
2005	ago.	20	*Tres países, cuatro humoristas*	Teatro Juárez (Guanajuato, México).
2006	jun.	01	*El bueno, el feo y el cubano*	Auditorio Alfredo Kraus (Las Palmas de Gran Canaria, España).
2006	oct.	---	---	--- (Las Palmas de Gran Canaria, España).
2006	---	---	---	Celebración por los 30 años de carrera de Cecilia Todd / Teatro Teresa Carreño (Caracas, Venezuela).
2006	dic.	09	---	Gira Nacional (Cárdenas, Cuba).
2006	dic.	---	---	Gira Nacional (Pinar del Río, Cuba).
2006	dic.	---	---	Gira Nacional (Cienfuegos, Cuba).
2006	dic.	17	---	Clausura de la Gira Nacional / Teatro Karl Marx (La Habana, Cuba).
2007	abr.	---	*Comes y te vas*	Auditorio Sotero Prieto de la Facultad de Ingeniería de la UNAM (Ciudad de México, México).
2007	abr.	---	*El último que ríe es el que piensa más lento*	Auditorio Sotero Prieto de la Facultad de Ingeniería de la UNAM (Ciudad de México, México).
2007	---	---	*El último que ríe es el que piensa más lento*	Café-Concierto "La Planta de Luz", (Ciudad de México, México).
2007	---	---	---	Café-Bar Albanta (Ciudad de México, México).
2008	---	---	---	Universidad de Las Palmas de Gran Canaria (Las Palmas, España).
2008	---	---	*Comes y te vas… Corridos de todos lados*	Auditorio Sotero Prieto de la Facultad de Ingeniería de la UNAM (Ciudad de México, México).
2008	jul.-ago.	30-03	---	I Festival Internacional del Humor "La Risa Caribe",/ Teatro José Consuegra Higgins, Universidad Simón Bolívar (Barranquilla, Colombia).

2008 nov.	14-15	*La soprano estreñida*	Sala Manuel M. Ponce, Centro Cultural Jardín Borda (Cuernavaca, México).
2008 ---	---	*Virulo en concierto*	Café-Bar Albanta (Ciudad de México, México).
2009 may.	02-03	*Buena Risa Social Club*	Teatro Mella (La Habana, Cuba).
2009 may.	08-12	*Buena Risa Social Club*	Teatro Mella (La Habana, Cuba).
2009 ---	---	---	Café-Bar Albanta (Ciudad de México, México).
2009 nov.	05	*El bueno, el malo y el cubano*	XIII Festival Internacional de Teatro de La Habana / Teatro Karl Marx (La Habana, Cuba).
2009 nov.	06-07	*Juegos Sinfónicos*	XIII Festival Internacional de Teatro de La Habana / Teatro Karl Marx (La Habana, Cuba).
2009 nov.	08	---	XIII Festival Internacional de Teatro de La Habana / Teatro Karl Marx (La Habana, Cuba).
2010 ago.	13	*Buena Risa Social Club*	Hotel Misión Catedral (Morelia, México).
2011 ene.	27-29	*Buena Risa Social Club*	Sala Manuel M. Ponce, Centro Cultural Jardín Borda (Cuernavaca, México).
2011 feb.	25	---	Aniversario 42 del Suplemente Dedeté del Periódico Juventud Rebelde / Galería Pancho Vázquez (La Habana, Cuba).
2011 feb.	25-27	*Del faisán a la pasta de oca*	Teatro Mella (La Habana, Cuba).
2011 oct.	07	*Corriendo con Tres Patines y la Tremenda Corte*	Festejos por el Aniversario 480 de la Ciudad / Palacio Municipal (Culiacán, México).
2011 ---	---	*Virulo en concierto*	Café-Bar Albanta (Ciudad de México, México).
2012 mar.	22	*Virulo explora con Dora*	Teatro Ángela Peralta (Mazatlán, México).
2012 ---	---	*Comes y te vas*	Café-Bar Albanta (Ciudad de México, México).
2013 ---	---	*Virulo en concierto*	Café-Bar Albanta (Ciudad de México, México).
2013 jun.	---	*Virulo explora con Dora la exploradora*	--- (Bucaramanga, Colombia).
2013 ago.	27	---	Auditorio Arq. Pedro Ramírez Vázquez, Rectoría General de la Universidad Autónoma Metropolitana (Ciudad de México, México).
2013 dic.	20	---	Casa de las Américas (La Habana, Cuba).
2014 ---	---	---	Peña El Sapo Cancionero (Ciudad Satélite, México).
2014 ---	---	---	Café-Bar Albanta (Ciudad de México, México).
2014 jun.	28	*Juegos Sinfoniquísimos*	Campaña "Juntos en un solo ritmo", por los 50 Años de la Empresa de Grabaciones y Ediciones Musicales (EGREM) / Teatro Karl Marx (La Habana, Cuba).

2014 jul.	03	*La Mata de CUC*	XX Festival Nacional del Humor Aquelarre / Sala-Teatro del Edifico de Arte Cubano, Museo Nacional de Bellas Artes (La Habana, Cuba).
2014 ago.	28-30	*Si no trabajas no comes y si trabajas tampoco*	Museo de la Ciudad (Cuernavaca, México).
2014 sep.	27	*Si no trabajas no comes y si trabajas tampoco*	Las Palomas Resort (Puerto Peñasco, México).
2014 oct.	18	*Lo mejor de Virulo*	Festival Cultural Sinaloa 2014 / Teatro del Pueblo (Navolato, México).
2014 oct.	19	*Lo mejor de Virulo*	Festival Cultural Sinaloa 2014 / Plazuela del Ayuntamiento (Guamúchil, México).
2014 oct.	20	*Lo mejor de Virulo*	Festival Cultural Sinaloa 2014 / Auditorio Héroes de Sinaloa (Guasave, México).
2014 oct.	21	*Lo mejor de Virulo*	Festival Cultural Sinaloa 2014 / Concha Acústica de la Escuela Vocacional de Artes (Los Mochis, México)
2015 ene.	30	*Virulo: desde Cuba con humor*	Carnaval de las Artes / Teatro Amira de la Rosa (Barranquilla, Colombia).
2015 mar.	27	---	La Juntamenta de Ángel Quintero / Casa-Memorial Salvador Allende (La Habana, Cuba).
2015 may.	14-15	*Juegos Sinfoniquísimos*	Escena Sinaloa 2015 / Teatro Pablo de Villavicencio (Culiacán, México).
2015 ---	---	---	Teatro de la Ciudadela (Ciudad de México, México).
2015 ---	---	---	Café-Bar Albanta (Ciudad de México, México).
2015 ---	---	---	Peña El Sapo Cancionero (Ciudad Satélite, México).
2015 ---	---	---	Teatro-Bar El Bataclán (Ciudad de México, México).
2015 ago.	02	---	Inauguración del XXI Festival Nacional del Humor Aquelarre / Teatro Karl Marx (La Habana, Cuba).
2015 ago.	04	*Cuba sí, yanquis ¿qué?*	Salón de Mayo del Pabellón Cuba (La Habana, Cuba).
2015 oct.	24	*ViruLovera*	Bank United Center de la Universidad de Miami (Miami, Estados Unidos).
2016 ene.	30	*Cuba sí, ¿Yanquis qué?*	Sala Manuel M. Ponce, Centro Cultural Jardín Borda (Cuernavaca, México).
2016 feb.	20	*Por la izquierda*	XXV Feria Internacional del Libro / Patio Central del Pabellón Cuba (La Habana, Cuba).
2016 mar.	26	*Lo mejor de Virulo*	Teatro-Bar El Bataclán (Ciudad de México, México).
2016 ---	---	---	Peña El Sapo Cancionero (Ciudad Satélite, México).
2016 ---	---	---	Sala Fórum (Puebla, México).
2016 sep.	09	*Virulo* presentando su nuevo disco *Juegos Sinfoniquísimos*	Teatro-Bar El Bataclán (Ciudad de México, México).

2016 sep.	17	*Cuba sí, ¿Yanquis qué?*	Teatro Corfescu (Bucaramanga, Colombia).
2016 oct.	01	---	The Place of Miami (Miami, Estados Unidos).
2017 ene.	27-28	*Método Azteca para Trump-eta*	Museo de la Ciudad (Cuernavaca, México).
2017 feb.	11	*Virulencias*	Sala Fórum (Puebla, México).
2017 feb.	22	*Juegos Sinfoniquísimos*	35 aniversario del Centro Cultural Tijuana / Sala de Espectáculos del CECUT (Tijuana, México).
2017 mar.	21	*Método Azteca para Trump-eta*	Teatro Pablo de Villavicencio (Culiacán, México).
2017 mar.	22	*Método Azteca para Trump-eta*	Teatro Ángela Peralta (Mazatlán, México).
2017 jun.	---	*Festejando a papá con una noche de humor*	Edición 68 del Jardín Cultural / Explanada de la Vicerrectoría de la UABC (Mexicali, México).
2017 jul.	08	*Amor con humor*	Flamingo Theater Bar (Miami, Estados Unidos).
2017 jul.	13	---	Teatro de la Ciudad (Playa del Carmen, México).
2017 jul.	14	---	Casa de la Cultura (Tulum, México).
2017 jul.	15	---	--- (Valladolid, México).
2017 nov.	03	---	Festival ApoyArte / Auditorio de la Unidad Cultural Lázaro Cárdenas, Colegio Madrid (Ciudad de México, México).
2017 dic.	02	*A gozar que el mundo se va a acabar*	Teatro del Parque Interlomas (Huixquilucan, México).
2017 dic.	09	*A gozar que el mundo se va a acabar*	Contrapunto Café y Arte (León de los Aldama, México).
2017 dic.	21	*A gozar que el mundo se va a acabar*	Kahuin Restorán y Centro de Eventos (Santiago de Chile, Chile).
2018 ene.	26-27	*Estoy mudando los dientes*	Museo de la Ciudad (Cuernavaca, México).
2018 feb.	28	*A reír y a cantar que el mundo se va a acabar*	Festival de Primavera 2018 del Instituto Sinaloense de Cultura / Teatro Pablo de Villavicencio (Culiacán, México).
2018 mar.	01	*A reír y a cantar que el mundo se va a acabar*	Festival de Primavera 2018 del Instituto Sinaloense de Cultura (Navolato, México).
2018 mar.	02	*A reír y a cantar que el mundo se va a acabar*	Festival de Primavera 2018 del Instituto Sinaloense de Cultura / Teatro Pablo de Villavicencio (Culiacán, México).
2018 mar.	03	*A reír y a cantar que el mundo se va a acabar*	Festival de Primavera 2018 del Instituto Sinaloense de Cultura (Guasave, México).
2018 mar.	04	*A reír y a cantar que el mundo se va a acabar*	Festival de Primavera 2018 del Instituto Sinaloense de Cultura (Mocorito, México).

2018 mar.	---	*A gozar que el mundo se va a acabar*	Festival de Primavera 2013 del Instituto Sinaloense de Cultura / Teatro Ángela Peralta (Mazatlán, México).
2018 jul.	07	*Buena Risa Social Club*	Foro Culebra (Ciudad de México, México).
2018 jul.	30	*El humor en la canción cubana*	Gira Nacional con Jorge Díaz y Tony Ávila / Teatro Principal (Camagüey, Cuba).
2018	---	*El humor en la canción cubana*	Gira Nacional con Jorge Díaz y Tony Ávila (Artemisa, Cuba).
2018	---	*El humor en la canción cubana*	Gira Nacional con Jorge Díaz y Tony Ávila (Matanzas, Cuba).
2018	---	*El humor en la canción cubana*	Gira Nacional con Jorge Díaz y Tony Ávila (Holguín, Cuba).
2018	---	*El humor en la canción cubana*	Gira Nacional con Jorge Díaz y Tony Ávila (Manzanillo, Cuba).
2018 ago.	05	*El humor en la canción cubana*	Gira Nacional con Jorge Díaz y Tony Ávila / Teatro Heredia (Santiago de Cuba, Cuba).
2018 ago.	18	*El humor en la canción cubana*	Clausura de la Gira Nacional con Jorge Díaz y Tony Ávila / Teatro Karl Marx (La Habana, Cuba).
2018 oct.	02	*Buena Risa Social Club*	Centro Cultural Teopanzolco (Cuernavaca, México).
2018 oct.	22	*Échale chile habanero*	Feria Internacional de la Cecina y Tianguis Grande 2018 / Teatro del Pueblo (Yecapixtla, México).
2018 oct.	26	*A guitarra limpia*	Café Zaxim (Jiutepec, México).
2018 nov.	03	*Sexo, luego existo, después pienso, si me acuerdo*	Foro Culebra (Ciudad de México, México).
2018 nov.	09	---	Cómico de la casa / Teatro-Bar La Culpa (Xalapa, México).
2018 nov.	10	*¡Qué buena está la Morena!*	Terraza Boca (Boca del Río, México).
2018 nov.	16	*¡Qué buena está la Morena!*	Marina Ensenada Restaurante Marino (Ensenada, México).
2018 nov.	17	*¡Qué buena está la Morena!*	Foro Cultural El Lugar del Nopal (Tijuana, México).
2018 nov.	30	*Buena Risa Social Club*	Café Antropía (León de los Aldama, México).
2018 dic.	01	*¡Qué buena está la Morena!*	Peña El Sapo Cancionero (Ciudad Satélite, México).
2018 dic.	08	*¡Qué buena está la Morena!*	Musicantro (Monterrey, México).
2018 dic.	15	*¡Qué buena está la Morena!*	Guzttazo Food & Wine (Irapuato, México).
2019 feb.	22	*¡Qué buena está la Morena!*	Teatro-Bar El Bataclán (Ciudad de México, México).
2019 mar.	29	*¡Qué buena está la Morena!*	Festival de Primavera 2019 del Instituto Sinaloense de Cultura / Teatro Pablo de Villavicencio (Culiacán, México).

2019 mar.	31	*¡Qué buena está la Morena!*	Festival de Primavera 2019 del Instituto Sinaloense de Cultura / Plazuela 27 de septiembre (Los Mochis, México).
2019 may.	11	---	Foro del Tejedor (Ciudad de México, México).
2019 jun.	01	*Virulo a la carta*	Foro Gala (Zapopan, México).
2019 jun.	07	*Virulo a la carta*	Rincón Santa Lucía (Saltillo, México).
2019 jun.	08	*Sexo, luego existo, después pienso*	La Tumba Musicantro – Cultubar (Monterrey, México).
2019 jun.	14	*Los huachicoleros*	Sala Fórum (Puebla, México).
2019 jun.	21	*Alejandro García "Virulo", en concierto*	La Cueva del Autor Pub & Bar (Pachuca de Soto, México).
2019 jun.	22	*Virulo a la carta*	Teatro-Bar El Bataclán (Ciudad de México, México).
2019 ago.	17-18	*Humor a primer añejo*	Teatro Mella (La Habana, Cuba).
2019 oct.	03	*Virulo a la carta*	Guzttazo Food & Wine (Irapuato, México).
2019 oct.	04-05	*Virulo a la carta*	Restaurante-Bar Café del Olmo (Morelia, México).
2019 oct.	06	*Virulo a la carta*	Teatrito La Carcajada (Querétaro, México).
2019 oct.	11	*Virulo a la carta*	Marina Ensenada Restaurante Marino (Ensenada, México).
2019 oct.	12	*Virulo a la carta*	Foro Cultural El Lugar del Nopal (Tijuana, México).
2019 dic.	08	---	TrovaFest 2019 / Plaza de los Fundadores (Querétaro, México).
2020 ene.	08	---	Universidad Central Martha Abreu de Las Villas (Santa Clara, Cuba).
2020 ene.	09	---	XXIV Festival Nacional de Trovadores *Longina canta a Corona* / Centro Cultural La Luna Naranja (Santa Clara, Cuba).
2020 ene.	11	---	--- (Caibarién, Cuba).
2020 ene.	29	---	Peña El Mesón de la Guitarra (Ciudad de México, México).
2020 feb.	07	---	Peña de La pupila asombrada / Espacio Cultural El Hueco del Instituto Internacional de Periodismo José Martí (La Habana, Cuba).
2020 jul.	28	---	Peña de Buena Fe / Centro Gastronómico-Recreativo-Social La Fela (La Habana, Cuba).
2020 ago.	23	---	Somos Cultura [Facebook Live] / Instituto de la Cultura y las Artes (Cancún, México).
2020 oct.	01	---	Festival Abrapalabra (Bucaramanga, Colombia).
2020 nov.	24	---	Concierto de Buena Fe / Teatro Karl Marx (La Habana, Cuba).
2020 dic.	20	---	Gala de Entrega del Premio Nacional de Humorismo 2020 / Teatro Karl Marx (La Habana, Cuba).

**6. Reconocimientos otorgados a Alejandro García Villalón *Virulo*
por su labor profesional (1990-2022)**

Año	Reconocimiento	Institución / País
1990	Orden Rubén Martínez Villena.	Ministerio de Cultura / Cuba.
1998	Distinción por la Cultura Nacional.	Ministerio de Cultura / Cuba.
2002	Palmas de Oro [Compartido].	Círculo Nacional de Periodistas A.C. / México.
2006	Doctor Humoris Causa.	Universidad de Las Palmas de Gran Canaria / España.
2014	Premio Nacional del Humor.	Centro Promotor del Humor, Consejo Nacional de Artes Escénicas, Ministerio de Cultura / Cuba.
2014	Premio EGREM.	Empresa de Grabaciones y Ediciones Musicales, Instituto Cubano de la Música, Ministerio de Cultura / Cuba.
2015	Nominación al Premio CUBADISCO, Categoría: Nueva Trova.	XIX Feria Internacional CUBADISCO, Instituto Cubano de la Música, Ministerio de Cultura / Cuba.
2016	Nominación al Premio CUBADISCO, Categoría: Nueva Trova.	XX Feria Internacional CUBADISCO, Instituto Cubano de la Música, Ministerio de Cultura / Cuba.
2017	Palmas de Oro [Individual].	Círculo Nacional de Periodistas A.C. / México.
2022	Réplica del machete del Generalísimo Máximo Gómez.	Ministerio de las Fuerzas Armadas Revolucionarias / Cuba.
2022	Nominación al Premio LUCAS, Categoría: Mejor Video Trova.	Proyecto de estímulo a la producción de videoclips del Instituto Cubano de Radio y Televisión / Cuba.
2022	Medalla Alejo Carpentier.	Presidencia de la República / Cuba.

Datos del autor

Pablo Alejandro Suárez Marrero (Cuba – México): Doctor y Maestro en Artes (Universidad de Guanajuato), Licenciado en Arte y Patrimonio Cultural (Universidad de La Habana) e Instrumentista – Profesor de Flauta (Escuela Nacional de Música de Cuba). Durante sus estudios se especializó en historia de la música, lenguajes artísticos y documentación musical. Ha publicado varios artículos en revistas especializadas y capítulos de libros editados por universidades y centros de investigación de Iberoamérica, donde también ha participado en disímiles eventos académicos. De igual forma, coordinó los equipos de investigación que condujeron a la publicación de los libros "Escenas Diversas: Drama, Humor y Música", (Vernon Press, 2023) y "Estudios sobre músicas populares en México", (Son de Papel, 2023). En la actualidad, es Profesor Asociado en la Facultad de Música de la Universidad Nacional Autónoma de México (México) y Docente Instructor en el Colegio Universitario San Gerónimo de la Universidad de La Habana (Cuba). Sus áreas de interés son musicología popular, educación musical, documentos audiovisuales, narrativas transmedias y masculinidades subalternas.

Índice analítico

Milton Keynes UK
Ingram Content Group UK Ltd.
UKHW021355300924
1921UKWH00014B/26/J

9 798881 900397